CRESÇA E APAREÇA

Ana Alvarez

CRESÇA E APAREÇA

Estratégias para o desenvolvimento profissional e pessoal

EDITORA RECORD
RIO DE JANEIRO • SÃO PAULO

2005

CIP-Brasil. Catalogação-na-fonte
Sindicato Nacional dos Editores de Livros, RJ.

Alvarez, Ana Maria Maaz
A474c Cresça e apareça! / Ana Alvarez – Rio de Janeiro: Record, 2005.

ISBN 85-01-07448-9

1. Aprendizagem. 2. Memória. 3. Criatividade. I. Título.

05-2968 CDD - 153.12
CDU - 159.953

Projeto gráfico de miolo
Flávia Rocha Calandrini

Capa
Leonardo Iaccarino

Ilustrações
Fernando Miller

Preparação de originais
Baby Abrão

A autora e a Editora Record agradecem a Mário Prata a gentileza de ceder o texto reproduzido na página 138

Direitos exclusivos desta edição reservados pela
DISTRIBUIDORA RECORD DE SERVIÇOS DE IMPRENSA S.A.
Rua Argentina 171 – 20921-380 – Rio de Janeiro, RJ – Tel.: 2585-2000

Impresso no Brasil

ISBN 85-01-07448-9

PEDIDOS PELO REEMBOLSO POSTAL
Caixa Postal 23.052
Rio de Janeiro, RJ – 20922-970

Tenho a sorte de ter tido três mães.
A elas, que me ofereceram infinitas
possibilidades para crescer, dedico
este livro: Lília,
Helena e
Joanna (*in memoriam*)

Sumário

Apresentação

Cresça e Apareça!

Estas três palavras, ditas num tom que variava entre o sarcasmo e o desafio, foram as que eu mais ouvi durante a adolescência.

Quando eu pedia ou queria saber alguma coisa que, para minha mãe, parecia não estar de acordo com minha idade — como sair sozinha, ler um livro para adultos, assistir a um filme proibido para menores de 18 anos (é claro que eu tinha 15 anos) ou aprender uma língua incomum para a época, como russo ou guarani — eu a ouvia dizer:

— Cresça e apareça!

Invariavelmente, a frase vinha acompanhada de um breve, mas impactante sermão, no qual ela me dizia que eu ainda tinha muito feijão para comer, muito sono para dormir e muito estudo de álgebra para cumprir antes de "aparecer" — isto é, ficar independente para fazer o que eu quisesse.

Meus argumentos, bastante válidos, tentavam dar conta do assunto *crescer*. Eu explicava detalhadamente, e com fotos — tiradas ano a ano no Externato Elvira Brandão e no Colégio Ofélia Fonseca —, que eu já era a mais alta da turma e que tinha que sentar lá atrás, no fundão, para não impedir os mais baixos de enxergar a professora. Em outras palavras, eu tentava dizer que eu já aparecia demais.

Em vão.

Minha mãe explicava que não bastava crescer na altura e que para "aparecer" era preciso crescer muito *por dentro*, isto é, observar, aprender, sentir, planejar e agir. A vida de adulto, ela argumentava, demandava sabedoria, planejamento e ação inteligente. Com responsabilidade. E isso eu ainda não conseguia fazer: ter atos inteligentes e responsáveis.

Nessas ocasiões, eu me calava. Calava e pensava: será que eu ainda não era capaz mesmo? Como seria esse "aparecer com atos inteligentes e responsáveis"? Como eu me sentia e como os outros me viam? E, o mais importante, o que eu andava fazendo para crescer e ficar autônoma, para aparecer?

Fui educada ouvindo que todos os acontecimentos da vida ensinam algo. Para mim, os eventos ensinavam a ter dúvidas, que eram colocadas ao mundo sob a forma de outras dúvidas. De uma delas eu me lembro muito bem: "Vivemos, logo aprendemos, ou aprendemos para viver melhor?"

Também me lembro de que, quando a pergunta me veio à cabeça, decidi ligar para o consultório de meu pai. Ele certamente me ajudaria a resolver a questão.

Enquanto discava (é isso mesmo, discava!) o número 35-4481, imaginava o que o meu pai diria. Decerto começaria assim, enquanto alisava o bigode:

— Bem, esta sua dúvida pode ser vista de várias maneiras. Deixe-me pensar uma cousa...

Papai nunca falava de um jeito simples. Seu vocabulário era sofisticado e grande o bastante para vencer os filhos nas gincanas de sinônimos à mesa, na hora das refeições. (Percebi, um pouco depois, que esse era o esporte favorito da família: meu tio Jamil fazia a mesma coisa com seus quatro filhos.)

Voltando ao telefonema, meu pai, após um risinho curto, disse que precisávamos aprender para viver bem e que para viver melhor precisávamos sempre aprender mais e mais, e aprender coisas diferentes, nada triviais. Aproveitou a ocasião para explicar que era por isso que ele desejava que eu aprendesse a tocar violino e não violão, como minha mãe teimava. Sem falar no piano, que fora infestado de cupins à espera de uma *virtuose* que nunca chegou.

Desliguei o telefone bastante pensativa. Aprender, aprender... Seria possível aprender o que era necessário, aprender para contentar os pais e aprender o que se quer para ficar feliz? O período de uma vida seria suficiente para aprender tanto e viver melhor?

À medida que crescia, eu percebia que numa vida há tempo de sobra para aprender. Não tudo, claro, mas aquilo que pode nos levar a aperfeiçoar habilidades, despertar capacidades, descobrir caminhos novos para percorrer. Isso, para mim, era *ter sucesso*: estar sempre em movimento, em desenvolvimento, procurando aprimorar a mim mesma. Só assim eu poderia dar o melhor de mim para todos.

Por isso, quando pensei num título para este livro — dedicado àqueles que querem aprender para *ser* sucesso —, a frase predileta de minha mãe me veio à mente. Afinal, somente o ato de aprender leva ao crescimento. Ao "aparecimento", que nada mais é do que ter segurança daquilo de que somos capazes e colocar essas habilidades em ação. Para viver melhor. Para ser mais feliz. Em outras palavras, para SER SUCESSO.

O objetivo principal deste livro é provocar você. É fazer com que você se envolva com a descoberta de seu potencial, que tire o máximo proveito de sua aprendizagem e que se surpreenda com sua própria capacidade.

Motive-se para aproveitar esta leitura. Este é o passo mais importante de todo o processo, porque sem vontade o trabalho será muito mais árduo.

Você precisa apertar o botão INÍCIO, abrir o livro, ler, exercitar-se, focalizar toda a sua energia na aprendizagem e seguir em frente. Desse modo será capaz de gerar cada vez mais motivação para colocar a mão na massa e usar sua persistência para manter seus esforços quando tudo parecer difícil.

Acelere sua vida! Ouse! Aposte em novas idéias e faça um plano só para você. Confie na intuição, no poder da sua vontade, acelere o aprendizado — com exercícios cheios de imaginação, para tornar o trabalho divertido —, cresça. E, cada vez mais, apareça!

Introdução

Lembrar para crescer

Hoje em dia, você sabe, o crescimento pessoal e profissional está intimamente ligado ao *conhecimento* e à *criatividade.*

O estudo é necessário em cada etapa de nossas vidas. O ensino formal — aquele realizado em escolas e faculdades — é somente uma parte de um quadro mais amplo, que inclui especializações, preparação para apresentações a clientes, convencimento para a concretização de vendas, elaboração e execução de projetos, estratégias de defesa ou acusação diante da Justiça.

Isso quer dizer que todos precisamos, cada vez mais, ter boa memória. Estudantes, advogados, engenheiros, filósofos, jornalistas, físicos, vendedores, políticos, profissionais de marketing, sociólogos, historiógrafos, biológos, enfim, gente de todas as profissões precisa estar com a memória afiadíssima.

Estar sempre bem-informado do que acontece ao nosso redor e em nosso campo de trabalho é fundamental. Mas também é necessário ter a capacidade de *articular* essas informações (associá-las, compará-las, refletir criticamente sobre elas), reunindo-as num conjunto sólido, que faça sentido: o conhecimento.

Ter conhecimento, no entanto, não basta. Para que ele dê base a nosso crescimento é preciso saber usá-lo com criatividade. E o que é a criatividade? É a capacidade humana de gerar uma idéia útil e original. É a capacidade de enxergar novas possibilidades e de agir para torná-las realidade, provocando mudanças.

Nada disso é privilégio de gênios ou eruditos. Articular informações, produzir conhecimento, utilizá-lo de maneira criativa e causar transformações são capacidades que estão ao alcance de qualquer um de nós, como mostra o capítulo 1. Um punhado de boa vontade, uma boa dose de esforço — tudo regado a muita persistência — e é possível crescer, *ser* sucesso. Passo a passo.

O primeiro passo é manter a saúde em dia.

Há alimentos e dicas gerais de saúde que ajudam a potencializar a memória. Nos capítulos 2 e 3 você conhecerá várias delas. Incluindo aquelas que ajudam a gerenciar o estresse, para que ele não atrapalhe seus planos.

Assim, você poderá incluir em seu cardápio pessoal — de refeições e de atitudes de vida — tudo aquilo que é útil para o bom funcionamento da memória.

Outro ponto importante é trabalhar a auto-estima, a motivação e a força de vontade. As técnicas do capítulo 4 o ajudarão nessa tarefa.

O segundo passo é descobrir que tipo de aprendizes somos nós.

Descobrir se reagimos melhor a estímulos auditivos, visuais ou a ambos é fundamental para estabelecer um programa de estudo que efetivamente funcione. Como cada um de nós tem alguns sentidos mais aguçados do que outros, utilizar aqueles aos quais somos bastante sensíveis irá ajudar a obter um sucesso maior nas memorizações.

Por isso, os capítulos 5 e 6 contêm, respectivamente, um teste — para você saber em qual categoria se encaixa — e uma série de dicas práticas e úteis para usar os sentidos a seu favor.

O terceiro passo é fazer um bom planejamento.

O capítulo 7 traz tudo o que você precisa para planejar seus dias e sua agenda de maneira prática e eficaz. Também mostra como montar um cantinho gostoso e propício ao estudo, além de dar dicas extras para melhorar o processo de aprendizado.

O quarto passo é treinar a atenção, a concentração e a leitura compreensiva.

Livros, revistas, jornais, televisão, internet oferecem diariamente uma ampla variedade de informações. Notícias do cotidiano — da enchente provocada pela chuva ao número de vítimas do mais recente atentado — mesclam-se a dados especializados, conceitos, números, porcentagens — para ficar só em alguns dos muitos tipos de mensagens que nos chegam a cada segundo.

Recebê-las para ter uma idéia generalizada do panorama internacional, como leitor (ou ouvinte) antenado, não exige muito esforço. As informações que detalham os cenários cotidianos podem ser esquecidas, até porque o que interessa, em casos assim, é o cenário geral, não suas nuanças.

As coisas mudam de figura, porém, quando nosso interesse estiver voltado para certos assuntos, que muitas vezes se encontram espalhados em vários acontecimentos transformados em notícias, pesquisas, estudos. Como colocar a atenção naquilo que realmente interessa?

Para isso, há um capítulo, o 8, com dicas práticas e exercícios para ajudar a trabalhar a atenção e a concentração — sem elas ninguém consegue assimilar conteúdos, você sabe. Os capítulos 9 e 10 contêm um teste para você avaliar sua velocidade de leitura e várias técnicas para quem precisa aumentar a velocidade de leitura e a compreensão de textos. Para finalizar, o capítulo 11 mostra como treinar a capacidade de fixação (com exercícios).

O quinto passo é selecionar informações.

Em meio à avalanche de dados existem informações que chamam nossa atenção. Ou porque estamos vivendo uma situação em que elas se encaixam, ou porque dizem respeito a algum interesse intelectual ou profissional, ou porque estão relacionadas a um de nossos *hobbies*, ou por outros motivos, que variam de acordo com as necessidades e os desejos de cada um de nós.

Existem diversas técnicas que facilitam o processo de seleção de informações. Algumas das mais eficazes estão no capítulo 12.

O sexto passo é sistematizar as informações e transformá-las em conhecimento.

Quando existe a preocupação de sistematizar as informações para transformá-las em conhecimento, é fundamental ter uma memória funcionando muitíssimo bem. E não apenas para guardar fatos e conceitos, mas também (e principalmente) para mantê-los intatos a fim de que a mente possa articulá-los, relacioná-los, compará-los, trabalhar com eles.

É essa a exigência básica do estudo e da pesquisa. Por isso, os capítulos 13 e 14 mostram como a memória funciona, além de ensinar técnicas de memorização e apresentar diversos exercícios para melhorar a capacidade de lembrar de tudo.

O sexto passo é usar o conhecimento com criatividade.

Para isso, nada melhor do que estimular a criatividade e saber o que fazer nas horas em que ela fica bloqueada. Assim, o capítulo 15 define a criatividade, mostra quais são nossos breques e aceleradores, dá dicas de como "reverter" pensamentos negativos e traz técnicas e exercícios para estimular os sentidos, a mente e a criatividade.

Como você pode perceber, para crescer é preciso ter boa memória. Conhecer as ferramentas necessárias para exercitá-la. E utilizá-las. É precisamente isso que vamos fazer ao longo deste livro. Assim, você poderá se apropriar dessas ferramentas e acrescentá-las ao "arsenal", pessoal e intransferível, que o leva a construir um conhecimento e usá-lo, de maneira criativa, para crescer. Em todos os campos. Em todos os sentidos.

Vamos começar?

Bloco 1 | De olho na saúde

Capítulo 1

A importância do aprendizado

Encarar novos desafios é uma das muitas exigências do mundo de hoje. A cada momento, especialmente na vida profissional, somos solicitados para resolver problemas e tomar decisões rápidas. Isso implica a necessidade de aprender — e apreender — informações em tempo reduzido, montando com elas um quadro geral da situação para buscar saídas eficazes.

Complicado? Parece, mas não é. Todos nós temos essa capacidade. O aprendizado de coisas novas — sejam elas fatos, conceitos, comportamentos — é uma constante em nossa vida. Afinal, nosso cérebro está perfeitamente equipado para isso.

Sabemos hoje que a função de aprender coisas novas acontece mais intensamente em algumas regiões cerebrais. Ao interagir, essas regiões mantêm uma complexa coordenação entre si. Vejamos como a aprendizagem acontece.

Percepções, pensamentos e memórias são transmitidos às diferentes áreas do sistema nervoso por meio dos neurônios, que são as células que formam o cérebro. Os neurônios são alongados e se assemelham a pequenas árvores, compostas por três partes: um sistema de raízes (os *axônios*); o corpo celular e as ramificações (os *dendritos*).

Por mais estranho que possa parecer, os neurônios não estão verdadeiramente "ligados" uns aos outros. Eles se comunicam entre si por meio das *sinapses*, espaços diminutos onde há um depósito de substâncias químicas, chamadas *neurotransmissores*, os responsáveis pela transmissão do impulso elétrico entre os neurônios. Dessa maneira, as raízes de um neurônio recebem a corrente elétrica que vem de outros e a enviam às ramificações, isto é, aos dendritos, para que ela seja transferida aos próximos neurônios. Assim, a memória, as impressões e os pensamentos "viajam" pelo cérebro de neurônio em neurônio, formando verdadeiras rotas de correntes elétricas.

Alguns neurotransmissores são vitais para o funcionamento da memória, como a acetilcolina (veja, em "Sucesso com saúde", a partir da página 25, os alimentos que precisamos comer para manter em bom nível a produção de acetilcolina). Pessoas com baixos níveis dessa substância apresentam dificuldade de concentração e problemas de memória.

O avanço das neurociências — com técnicas que permitiram o mapeamento dos sistemas sensorial e cognitivo — mostrou que o desenvolvimento do aprendizado depende basicamente de dois fatores: nossa herança genética e o ambiente em que vivemos. As informações e solicitações que recebemos o tempo todo, tanto do ambiente como de nosso próprio organismo, estimulam o cérebro a formar novas conexões continuamente. Esse "exercício" cerebral permite que novas experiências sejam assimiladas, aprendidas e lembradas.

Todos os sistemas de memória, inclusive os utilizados pelos computadores, precisam contar com uma área de armazenagem de dados. O "estoque" do ser humano fica no cérebro. Os sistemas de memória necessitam igualmente de estratégias para inserir e retirar a informação do estoque. Esses processos — de codificação, armazenamento e recuperação de informações — são essenciais para todos os tipos de memória.

Sempre que recebemos uma nova informação, ela é *codificada*, isto é, associada, de alguma maneira, àquilo que já está em nossa memória. Uma vez codificada, a experiência é armazenada diversas vezes, sem esforço consciente, durante um período variável. E permanece ali, à nossa disposição, quando precisamos dela. Quanto mais acessível uma informação estiver, mais facilmente virá à nossa mente.

Os exercícios deste livro foram elaborados para ajudar você na tarefa de codificação, armazenagem e acesso às informações e experiências. Assim, seu processo de aprendizado — e de crescimento — ficará mais simples. Daí em diante, *aparecer* será uma questão de tempo. E de recompensa pelo esforço realizado.

Capítulo 2

Sucesso com saúde

A primeira condição para ser um vencedor em qualquer campo é manter-se saudável. Isso significa, principalmente, dormir e alimentar-se bem. Vamos analisar os benefícios que o sono e a alimentação proporcionam.

Dormir bem para aprender melhor

O sono é revigorante, renovador. Aconteça o que acontecer, não durma menos de seis horas por noite (oito horas é o ideal). O cansaço é cumulativo, e sentir-se cansado dificulta o desempenho de qualquer um de nós. Se você tem poucas horas para dedicar ao estudo, organize-se e reformule o seu horário. "Passar a noite" sem dormir não é uma atitude inteligente. Não se engane: essas horas de sono farão muita falta.

Muitas vezes, perder o sono pode significar dificultar a capacidade de memorização. Algumas pessoas deixam de dormir para fazer coisas como estudar, trabalhar, divertir-se. Outros sofrem de insônia, que podem ser conseqüência de má alimentação, estresse, preocupações passageiras intensas, consumo de álcool e/ou de cafeína. Podemos minimizar o impacto negativo da insônia tomando as seguintes medidas:

- reduzir da dieta, se possível, os açúcares e eliminar cafeína;
- evitar bebidas alcoólicas;
- praticar exercícios físicos aproximadamente cinco horas antes de deitar;
- passar o dia em ambientes claros;
- evitar expor-se à iluminação intensa à noite.

Você verá que, à medida que a qualidade de seu sono melhora, o aprendizado também progride.

Comer bem para pensar melhor

Podemos melhorar o funcionamento do cérebro controlando a qualidade dos alimentos que ingerimos. A membrana que reveste os neurônios (as células do sistema nervoso) contém uma grande quantidade de gordura poliinsaturada e monoinsaturada.

Logo, nosso cérebro precisa de muita gordura. Não da gordura saturada, de origem animal, mas da gordura poliinsaturada que está presente nos peixes, nos óleos vegetais, na soja, nas sementes de gergelim, na linhaça, nas nozes, nas castanhas. Também é benéfica a gordura insaturada do azeite de oliva extravirgem e do óleo de canola. Sementes e nozes possuem as gorduras de que o cérebro precisa para melhorar a capacidade de aprendizagem e o intercâmbio de informações.

Mais de 60% da massa do cérebro é constituída de lipídios e grande parte deles são ácidos graxos ômega-3. Trata-se, sobretudo, de moléculas em cadeias que aumentam a resistência ao estresse. Para que nosso organismo possa sintetizar essas moléculas em cadeia, nossa alimentação deve conter boas doses do precursor, o ácido alfa-linolênico, presente, por exemplo, nas nozes e na linhaça. Por isso, procure consumi-las com bastante freqüência. Os peixes gordos, como o salmão, a sardinha, a anchova e o arenque, bem como os mariscos e os crustáceos — camarão e lagosta — devem ser consumidos de duas a três vezes por semana.

Vimos, no capítulo 1, que alguns neurotransmissores, como a acetilcolina, são fundamentais para a memória. Para mantê-los em níveis ótimos, é importante ingerir alimentos ricos em colina e betaína.

A colina é um dos componentes da acetilcolina. Já a betaína facilita a ação de outros neurotransmissores necessários para a atenção e a vigilância, à aprendizagem, à pesquisa, à busca da satisfação. Obter esses dois elementos é mais fácil do que parece. Basta incluir na alimentação itens como abacate, amêndoas, amendoim, banana, carnes, figo, nozes, ovos, peixes e soja.

Para funcionar bem, nosso cérebro também precisa das vitaminas do complexo B. A vitamina B12, por exemplo, é fundamental para prevenir estragos ao sistema nervoso, manter a memória em boa forma, dar energia e ajudar a formar as células vermelhas do sangue. Embora o corpo consiga estocar esta vitamina no organismo durante muito tempo (aproximadamente dois anos), o estresse a consome bastante, fazendo esse estoque diminuir rapidamente. Por isso, inclua no cardápio alimentos de origem animal, como carnes vermelhas, peixes, frangos, ovos e laticínios.

A vitamina B9 — o ácido fólico — também é importante para melhorar o funcionamento da memória, além de prevenir a fadiga, reforçar o sistema imunológico, ajudar na formação das células vermelhas do sangue, no funcionamento do cérebro e na diminuição da irritabilidade. As fontes são os vegetais verde-escuros (como agrião, espinafre e brócolis), além de grãos integrais, ovos, nozes, leite e carnes.

Já a vitamina B6 ou piridoxina é necessária para converter os aminoácidos em neurotransmissores. Sem ela, o corpo não consegue produzir a serotonina, um neurotransmissor que estabiliza o sono, exerce efeito antidepressivo, melhora a libido e nos dá a sensação de bem-estar.

Veja, na tabela a seguir, alguns dos alimentos necessários para o bom funcionamento do cérebro.

Componha sua própria alimentação, ingerindo alimentos de sua preferência — um de cada categoria por dia. Olhe a tabela e verifique que, se você comer um ovo,

Colina	Betaína	Vitamina B9	Vitamina B1	Vitamina C	Ferro
Fígado de boi	Farelo de trigo	Fígado de galinha	Germe de trigo	Cereja, limão, acerola, laranja	Pombo
Fígado de galinha	Germe de trigo	Germe de trigo	Porco	Goiaba	Fígado de boi
Ovos	Espinafre	Farelo de trigo	Presunto	Salsinha	Ostras
Germe de trigo	Camarões	Espinafre	Avelãs	Kiwi	Carne de boi
Carne de porco	Pão integral	Erva-doce	Flocos de aveia	Erva-doce	Ovos

Fonte: *Science et vie*, maio de 2004.

estará ingerindo colina e ferro; se ingerir erva-doce, vitamina B9 e vitamina C; e se comer germe de trigo, terá suprimento de colina, betaína, vitamina B9 e vitamina B1.

Hábitos e vícios nocivos ao bom funcionamento da memória

Comidas, bebidas e drogas podem afetar nossa aprendizagem. Ingerir uma grande quantidade de doces provoca ansiedade e um vazio na memória de curto prazo (aquela que faz com que recordemos as coisas mais imediatas, como o número de um telefone). Isso também acontece quando se consome cafeína em excesso. Não cuidar do bom funcionamento do cérebro também tem como conseqüência a perda da memória de longo prazo (importante para estudantes, pesquisadores e profissionais). Para mantê-las em bom estado, é preciso evitar:

- grande quantidade de açúcar. Diga não ao excesso de balas, *cookies*, bolachinhas;
- excesso de cafeína. Diga não às dezenas de cafezinhos;
- álcool. Diga não ao consumo diário de bebidas alcoólicas, pois elas podem matar suas células nervosas;
- drogas. Diga não, pois elas podem levá-lo a perder a capacidade de atenção e de concentração. Um elemento químico presente na maconha — o tetrahidrocanabinol — pode drenar a memória de curto prazo e minar a motivação;

- neurotoxinas. Diga não aos venenos e pesticidas, que podem acabar com os neurônios. Não se exponha a produtos químicos perigosos à saúde e dê preferência, sempre que possível, aos alimentos orgânicos, que se desenvolvem sem o uso de agrotóxicos.

Capítulo 3

Lidando com o estresse

Você já deve ter percebido que é impossível viver sem estresse. Virou, mexeu, e sobrecarregamos nosso organismo com coisas como pressa, esforço demasiado, bobagenzinhas gostosas comidas na rua, tarefas excessivas. Obrigado a trabalhar além do seu limite, o corpo *estressa.*

Ninguém precisa se preocupar com isso. É uma reação normal. E muitas vezes funciona como um desafio, levando a agir com mais vigor, a ficar atento, a tomar iniciativas. Se não for grave nem demorado, o estresse pode até ajudar a elevar os níveis de atenção e memória.

Preocupante é quando o estresse é forte demais e foge a nosso controle, provocando sintomas como alterações sérias na pressão sanguínea, nos batimentos cardíacos, deixando-nos "ligados" apesar da fadiga, impedindo-nos de pensar com clareza.

O ideal é evitar chegar a esse ponto – o que nem sempre se consegue. Principalmente quando estabelecemos planos para crescer e aparecer. Muitas vezes a pressa é grande, a ansiedade toma conta e lá estamos nós, exagerando em tudo!

Nessa hora é preciso assumir o comando e impor a nós mesmos um programa de relaxamento. Do contrário, estaremos trabalhando *contra* nosso crescimento e tudo aquilo que ele representa em nossa vida.

Dicas e técnicas simples podem ajudar muito. Algumas delas até parecem ingênuas, mas é só aparência. Na verdade, mexem conosco, mudando nosso foco de atenção, tirando-nos do ambiente e da situação que provoca o estresse. E isso, por si, já promove um alívio e tanto.

Algumas dicas funcionam mais para alguns do que para outros. Por isso, ao colocá-las em prática, verifique quais as mais eficazes para *você*, e *naquele* determinado momento. Veja algumas delas a seguir.

- Há algo que possa ser mudado na situação? Mesmo que seja uma mudançazinha pequena? Então mude.
- Estabeleça metas realistas, que possam ser cumpridas. Do contrário, a ansiedade ficará mais intensa, acompanhada da desagradável sensação de fracasso. Faça um planejamento diário das tarefas, começando por aquilo que for mais importante.
- Quando estamos em processo de aprendizagem, o volume de coisas a estudar ou a fazer em geral é grande. Encare isso como um fato normal, evitando pensar em tudo o que tem pela frente. Escolha uma tarefa, vá até o fim e só então comece outra, mantendo sua atenção sempre naquilo que está fazendo.

- Reveja suas metas de vez em quando. Reflita se ainda estão adequadas ou se é preciso remanejá-las ou alterá-las.
- **Evite adiar decisões.** Incertezas e adiamentos provocam ansiedade crescente.
- Escolha um horário em que possa ficar sozinho ao menos por alguns momentos. Faça isso todos os dias. Aproveite para relaxar, meditar, ouvir música, ter alguma atividade que lhe dê prazer.
- Se estiver num ambiente ou numa situação muito estressante, dê um tempo. Afaste-se e procure fazer outra coisa, nem que seja arrumar as gavetas, rearranjar a disposição dos objetos sobre a mesa, colocar água nas plantas. Qualquer tarefa que distraia sua atenção é bem-vinda.
- Saia, passeie, faça programas com os amigos. Sem culpa e sem pensar nas tarefas que o esperam em casa, na escola ou no escritório. Volte a pensar nelas quando for a hora de retomá-las. Mude o rumo do pensamento toda vez que elas lhe vierem à cabeça.
- Encontre uma maneira de recompensar-se pelo esforço feito. Um passeio agradável, uma ida ao cinema, um novo CD sempre ajudam.
- Sempre que possível, altere seus hábitos. Experimente coisas novas, novas comidas, novos lugares, um novo penteado.
- Descubra uma boa maneira de relaxar. Aprenda exercícios de respiração, cante, espreguice-se com von-

tade, boceje. Gerencie o estresse andando, correndo, jogando tênis, cuidando do jardim, limpando a casa.

▸ Procure dormir o suficiente. Se você sempre acorda sobressaltado com o despertador, então não está dormindo o suficiente. O ideal é deixar as venezianas abertas e acordar lentamente, à medida que a luz do dia for entrando no quarto.

▸ Diga "não" às vezes, mesmo que se sinta mal por isso. Você, como todos os seres humanos, tem limitações de tempo e paciência.

▸ Se você não conseguir lidar com vários detalhes de sua vida ao mesmo tempo, faça aquilo que for possível.

Capítulo 4

Auto-estima, motivação e força de vontade

Além do "cresça e apareça", outra frase contumaz me acompanhou na infância: "Quem você pensa que é?" Essa pergunta sempre me atingia, me provocava, algumas vezes no mau sentido — quando eu, diante de uma dificuldade de aprendizagem, me sentia insignificante. Outras vezes, cheia de brio, cônscia de meus atributos, eu pensava: "Sou curiosa, corajosa, cheia de vontade e muitas vezes me sinto limitada. Sou diferente da vizinha, dos irmãos e dos primos. Mas... e daí?".

Àquela época eu ainda não podia entender que a nossa singularidade é a única coisa que realmente possuímos. E que ela é construída por nós, por nossa história, pelo modo como nos sentimos e nos percebemos, por nossas ações no mundo e por aquilo que recebemos do mundo.

Essa troca de impressões, de informações, de sentimentos, ajuda a constituir nosso "eu" e edifica nossa auto-estima.

1. Auto-estima

A auto-estima consiste em ter um bom conceito de si mesmo. É supernecessária quando se quer ter um ótimo rendimento em qualquer atividade, em qualquer área.

Se você acreditar que não tem capacidade suficiente, que não vai dar conta do que tem para fazer, converse sobre isso com alguém em quem confie. Troque idéias, coloque suas dúvidas, expresse seus medos, suas inseguranças.

Faça uma lista delas. Depois analise uma a uma, considerando até que ponto ela realmente atrapalha seu desempenho e procurando maneiras de minimizá-la.

De vez em quando, se você é um estudante, ajude algum colega seu, inclusive aqueles que estão em séries anteriores à sua. Lembre-se de que aqueles que têm dificuldades nos estudos costumam saber bem onde está a dificuldade de uma matéria.

Não desista. Não se desculpe dizendo que você tem pouca capacidade: sempre se é capaz de fazer muito mais do que se acredita poder fazer.

Existe uma técnica bastante simples que pode ajudar a melhorar muito a auto-estima. Basta levá-la a sério.

▸ Faça uma tabela e escreva, numa coluna, três virtudes pessoais. (Exemplos de virtudes: romântico, falante, bom amigo, simpático, sincero, inteligente, tranqüilo, bom ouvinte, guardador de segredos, perseverante, crítico, autônomo, carinhoso, respeitoso, imaginativo, generoso, organizado...)

▸ Em outra coluna, coloque três conquistas de que você se orgulhe, ou as habilidades que mais se destacam em você. (Exemplos de habilidades: ser bom nos esportes, no desenho, nos *videogames*; ter letra bonita; saber jogar xadrez; lidar bem com computadores, com animais, com pessoas; conhecer trajetos, marcas de carros, nomes de estados e capitais, ter bom gosto ao se vestir...)

▸ Veja o exemplo:

Virtudes	Habilidades
1. Lealdade 2. Criatividade 3. Saber ouvir	1. Jogar basquete 2. Paquerar 3. Escrever bem

▸ Se encontrar mais virtudes e habilidades, anote-as também.

▸ Faça isso durante dois dias. Peça a familiares e amigos que digam quais virtudes vêem em você.

▸ Depois que sua lista de virtudes estiver pronta, guarde-as e lembre-se de lê-las quando estiver inseguro, com a auto-estima em baixa. Você verá como a confiança retorna rapidinho.

▸ Lembre-se: ter boa auto-estima significa acreditar e projetar a crença daquilo que seremos e faremos no futuro.

2. Motivação

Muitos dizem ter dificuldade para aprender. Querem aprender, mas não sabem como se exercitar para desenvolver a "atitude" de mergulhar no conhecimento e deixá-lo entrar em nossa vida.

A atitude diante daquilo que se estuda é fundamental. Se algo parece agradável, útil ou interessante, será aprendido. Por isso, se você estiver motivado, pode ter certeza de que seu crescimento e seu sucesso estarão garantidos.

Para combater os momentos de desânimo, é bom pensar nos benefícios que vamos conseguir com nosso esforço, tanto imediatos como a médio e longo prazos.

Traçar objetivos claros ajuda muito. Anote-os sempre e vá ticando à medida que for cumprindo cada um deles.

Uma das maneiras de aumentar a motivação é dar a nós mesmos boas recompensas ao alcançarmos algum objetivo. Escolha algo de que goste muito e ofereça-se esse presente. Você merece!

3. Força de vontade

A força de vontade é uma das principais companheiras do sucesso. Ela se desenvolve à medida que repetimos atos positivos, que tragam benefícios, ainda que não nos agradem muito ou custem alguns esforços. Ela se fortalece sempre que somos bem-sucedidos depois de algum esforço, ganhando com isso uma disposição alegre de persistir.

Os objetivos devem ser claros e passíveis de execução. Coloque-os no papel e determine limites de tempo para cumprir cada um deles. O enunciado deve ser conciso e direto. Por exemplo: "Vou estudar duas horas todos os dias" em vez de "Tentarei...", "Me esforçarei para..."

Imponha-se desafios. Pense em alguma tarefa que precise realizar e fixe um prazo para ela. Por exemplo: "Devo terminar esse assunto esta tarde" ou "Devo dominar esse tema em duas horas".

No começo, escolha desafios fáceis de alcançar, porque assim você se sentirá estimulado em continuar. Lembre-se de que eles devem ir crescendo em dificuldade.

Guarde as folhas nas quais escreveu os desafios. Elas serão a prova de seus êxitos.

Bloco 2 | Estratégias básicas para um aprendizado de sucesso

Capítulo 5

Que tipo de aprendiz você é?

Para estabelecer metas de aprendizagem realistas (objetivos de motivação e de aprendizado), é importante refletir sobre experiências anteriores e atuais. Como cada um de nós tem a sua maneira particular de aprender, analisá-la ajuda a identificar e a categorizar os vários estilos de aprendizagem.

O estilo de aprendizagem de cada um é muito importante, porque influencia o modo como nos aproximamos de um conteúdo novo. O teste da página seguinte vai fazer com que você consiga identificar o *seu* estilo. Para usá-lo a seu favor, claro!

I. Leia cada afirmação e faça um círculo nos números daquelas que mais se aplicam a você. Em seguida, anote esses números numa folha de papel.

1. Raramente me esqueço do rosto das pessoas.
2. Gosto de fazer coisas que movimentem meu corpo.
3. Costumo lembrar bem as vozes das pessoas.
4. Para resolver um problema ou para tomar uma decisão, falar sobre o assunto ajuda bastante.
5. Gosto de tirar fotos e mostrá-las a outras pessoas.
6. Quando tenho muitas tarefas a cumprir, eu as escrevo, organizando-as numa lista.
7. Às vezes falo comigo mesmo, "pensando" em voz alta.
8. Gosto de ouvir música.
9. Lembro-me muito bem das coisas que fiz ou falei movimentando ou fazendo sinais com as mãos.
10. Lembro-me de como sinto os objetos: a textura, se é quente ou frio, úmido ou seco etc.
11. Fico inquieto quando preciso ficar sentado muito tempo no mesmo lugar.
12. Consigo distinguir facilmente vários instrumentos musicais.
13. Gosto de procurar padrões e de descobrir formas em imagens.
14. Lembro-me mais facilmente de poemas ou letras quando acompanhadas de melodias.

15. Prefiro os filmes românticos aos de ação.

16. Aprendo muito ouvindo as pessoas discutirem um assunto.

17. Gosto de filmes com muita ação dramática e com mudanças súbitas nos acontecimentos.

18. Lembro-me melhor das coisas se puder imaginar um cenário ou um "filminho" com elas.

19. Prefiro ouvir uma boa conferência ou um discurso a ler sobre o assunto.

20. Sou bom em desmanchar as coisas e voltar a montá-las.

21. Aprendo melhor quando posso ler em voz alta, repetindo as partes difíceis.

22. Tenho boas idéias ou encontro a solução de problemas enquanto faço outra coisa: ando, corro, tomo banho etc.

23. Lembro-me de números de telefone mais facilmente se os repetir em voz alta várias vezes.

24. Gosto de trabalhar com ferramentas, instrumentos, utensílios.

25. Para perceber, aprender ou recordar coisas mais facilmente, preciso escrevê-las ou visualizá-las.

26. Sublinho ou realço palavras quando estudo.

27. Preciso escrever as coisas e olhar para elas mais tarde.

28. Lembro-me da disposição de palavras ou figuras que vi numa página de revista, livro ou jornal.

29. Aprendo melhor com uma pessoa ou professor que admire e de quem goste.

II. Assinale, na tabela a seguir, os números que sejam iguais aos que você anotou na folha de papel.

Estilo	Números	TOTAL
VISUAL	1, 5, 6, 13, 18, 20, 25, 26, 27, 28	
AUDITIVO	3, 4, 7, 8, 12, 14, 15, 19, 21, 23	
CINESTÉSICO	2, 9, 10, 11, 15, 17, 22, 24, 29	

III. Conte o número de círculos em cada linha e escreva o **TOTAL** na coluna reservada para isso. O total mostra as preferências que você desenvolveu para diferentes estratégias de aprendizagem.

IV. Faça um círculo em seu estilo dominante:

VISUAL AUDITIVO CINESTÉSICO

Seu estilo dominante é a sua força!

Muito bem, agora você já descobriu se é mais visual, auditivo ou cinestésico. Seja lá qual for seu estilo, há ótimas estratégias para utilizá-lo a fim de tornar mais fácil o aprendizado e a memorização.

Veremos isso no próximo capítulo.

Capítulo 6

Dicas para aprender melhor

A lista a seguir mostra quais os tipos de atividades mais eficazes para cada estilo de aprendizagem. Siga essa orientação para aproveitar melhor o seu estilo. Isso tornará o aprendizado muito mais eficiente e agradável.

Visual

Se você é um aprendiz com predominância visual, escolha, na lista a seguir, as maneiras de aprender que mais se adaptem a seu gosto. Quando precisar memorizar conteúdos, faça uso delas.

Para aprender, vou...

- Procurar figuras sobre os temas que mais me interessam e aprender a linguagem associada a eles.
- Desenhar figuras ou pictogramas e ilustrar as coisas a compreender/lembrar.
- Sublinhar e realçar aquilo que mais quero aprender.
- Usar cores.
- Fazer cartazes.
- Ver filmes e séries de TV sobre assuntos do meu interesse.

- Desenhar mapas mentais.
- Escrever a informação essencial em folhas autoadesivas e afixá-las em locais visíveis, como espelhos, porta do quarto, geladeira etc.

Auditivo

Se você é um aprendiz com predominância auditiva, escolha, na lista a seguir, as maneiras de aprender que mais se adaptem a seu gosto. Quando precisar memorizar conteúdos, faça uso delas.

Para aprender, vou...

- Ler em voz baixa.
- Ouvir "mentalmente" as palavras ecoando em minha mente.
- Gravar textos, diálogos, listas de palavras e ouvir a gravação várias vezes.
- Dizer a alguém a informação de que quero me lembrar.
- Pedir a alguém que me faça perguntas sobre o que estou aprendendo.
- Fazer perguntas a outros sobre as coisas que estou aprendendo.
- Repetir um conteúdo e recordá-lo seguindo um ritmo.
- Fazer rimas.
- Aprender ao mesmo tempo em que ouço música.
- Eliminar sons que possam me distrair enquanto estou estudando.

Cinestésico

Se você é um aprendiz cinestésico, escolha, na lista a seguir, as maneiras de aprender que mais se adaptem a seu gosto. Quando precisar memorizar conteúdos, faça uso delas.

Para aprender, vou...

- "Escrever" palavras ou regras no ar, com o dedo.
- Andar enquanto estudo (ao som de uma batida ou marcando o ritmo com os dedos ou os pés).
- Ouvir e reparar como os outros usam os gestos para expressar reações: acenar, abanar a cabeça, sorrir, franzir e arquear as sobrancelhas etc. Depois, tentar fazer o mesmo.
- Mover-me freqüentemente, nem que seja para fazer um café ou esticar-me.
- Reorganizar o meu espaço de trabalho.
- Evitar a postura típica de leitura (tentar ler em pé e variar a posição do corpo).
- Reagir durante a leitura: apontar para palavras-chave, acenar quando estou de acordo, franzir as sobrancelhas e abanar a cabeça se discordo, sorrir, rabiscar notas na margem (rostos felizes/zangados, pontos de exclamação/interrogação etc.).
- Escrever notas em folhas auto-adesivas e colá-las nos meus lugares favoritos — esculturas, quadros etc.

Agora, da lista de dicas para os diferentes tipos de aprendizes, escolha uma atividade que gostaria de experimentar — de preferência de uma lista que não corresponda ao seu estilo dominante de aprendizagem.

a) Uma atividade que ainda não explorei, mas pretendo experimentar:

____

____

É importante escolher uma atividade ainda não explorada porque com isso você se dará conta de como andam:

▸ a auto-estima (você se sente capaz de enfrentar novas dificuldades?);

▸ a motivação (você quer mesmo ser sucesso?);

▸ a força de vontade e a persistência (você vai persistir e buscar novos caminhos para aprender?).

Lembre que, para atingir seus objetivos, talvez seja necessário desenvolver um estilo que não seja o seu preferido. Você pode, para isso, aprender a usar todos os seus sentidos *ao mesmo tempo*.

Se o seu objetivo, por exemplo, for dialogar com outras pessoas, as estratégias visuais, sozinhas, podem não ser suficientes. É necessário desenvolver também as estratégias auditivas.

Com o tempo, e com a prática, você irá descobrir com quais estratégias se sente mais à vontade e quais funcionam melhor no seu caso.

Capítulo 7

A importância do planejamento

Agora que você já determinou qual é seu tipo de aprendiz e já viu quais as melhores técnicas para seu estilo, vamos preparar o terreno para que seu aprendizado aconteça da melhor maneira possível.

Há duas condições básicas para a eficácia do estudo: o planejamento e o ambiente. O planejamento otimiza o processo de aprendizagem na medida em que organiza conteúdos e atividades. Já o ambiente é essencial para trazer bem-estar e fazer com que os momentos de estudo sejam proveitosos e agradáveis.

No final do capítulo, há dicas práticas para acelerar ainda mais seu aprendizado.

1. Planejamento

Planeje suas atividades todos os dias

Elabore duas agendas: uma comum, diária, e outra especial, para as semanas que antecedem uma data importante, como provas, apresentações, vestibular. Mantenha uma cópia desse horário em lugar bem visível. Deixe espaços vazios, para intervalos de descanso. Lembre-se de que a agenda deve ser realista, para que você possa cumpri-la. Lembre-se também de ser rigoroso: evite negociar consigo mesmo a fim de alterar horários.

Comece pela atividade mais fácil. Começar e acabar acertando faz bem à auto-estima e traz motivação para continuar

O horário deve estar equilibrado, alternando atividades menos e mais complicadas. Depois de se dedicar a algum assunto que exige muita concentração, por exemplo, programe um descanso e em seguida um tema ou atividade simples, que você domine bem.

Programe interrupções

Os períodos de estudo e atividade devem ser de aproximadamente **50 minutos**, alternados **com 10 minutos** de descanso. Não prolongue esse período, pois não é produtivo estudar horas seguidas sem intervalo. Nos momentos de descanso, aproveite para ir ao banheiro, lanchar, telefonar aos amigos. Se você for muito ansioso e irrequieto, faça períodos mais curtos e mais freqüentes de estudo e de descanso.

Inclua no planejamento os programas de televisão, os *videogames*, o computador...

Programe essas atividades de lazer nos períodos de descanso. Caso apareça um programa extraordinário, calcule quanto vai durar, interrompa o horário de estudos e compense o tempo gasto no outro dia. Deixe as atividades de lazer mais demoradas para os finais de semana.

Pratique o pré-conhecimento

No final da agenda, programe uma olhadela no material a ser visto no dia seguinte. Faça isso com livros, apostilas, CDs, DVDs. Essa é uma boa técnica para ajudá-lo a manter a atenção durante toda a exposição do assunto (em apresentações ou aulas). Você irá reconhecendo aos poucos aquilo que o professor ou instrutor explicar, identificando os temas com aqueles que viu no dia anterior. Isso ajuda no aprendizado e na memorização dos conteúdos.

Tenha sua agenda sempre em mãos

Anote todas as tarefas a fazer, as datas de apresentações e exames, reuniões, os assuntos pendentes e os temas que precisam ser esclarecidos. Vá resolvendo aos poucos, para evitar que as coisas fiquem acumuladas às vésperas das datas importantes.

Li isso uma vez num jogo e nunca mais esqueci:

Cumpra a lei dos 5 Ps:

Planejamento em Prática Previne Pobre Perfomance

Planeje e Pratique-o!

2. Ambiente

Crie um ambiente especial

Faça suas atividades, sempre que possível, num lugar calmo e reservado. Seu cantinho de estudos e trabalho deve ser arejado, silencioso e sem objetos distratores (TV, *videogame*, som). A mesa de estudos deve ser limpa, organizada e ampla, de modo que você possa colocar tudo o que necessita em cima dela — dicionários, livros para consulta, canetas, calculadora, água e o que mais você julgar essencial para sua sessão de estudos. Escolha uma cadeira cuja altura seja proporcional à mesa.

À sua volta, coloque alguns objetos que despertem boas lembranças ou que despertem prazer estético. Isso faz bem à mente. Em resumo, transforme o canto de estudo/trabalho num lugar ESPECIAL, que acolha as coisas que têm a ver com você. Se não houver espaço para isso em sua casa, verifique se existe uma biblioteca por perto e planeje fazer lá alguns estudos específicos, que exijam maior concentração.

Escolha uma boa iluminação

A luz deve ser potente e deve estar distribuída de tal maneira que ilumine toda a mesa. Coloque-a à esquerda, se você for destro, ou à direita, se for canhoto. Isso evitará a formação de sombras.

A ventilação é essencial

Seu ambiente de estudo/trabalho deve ser ventilado. Para manter a atenção concentrada, é necessário que o cérebro esteja bem oxigenado. Portanto, uma “boa” respiração leva a um bom rendimento. Se você passar várias horas estudando, aproveite os intervalos para, literalmente, dar uma respirada lá fora.

Som: suave e na hora certa

Escutar uma música ambiente, orquestrada e suave ajuda a relaxar quando você estiver fazendo tarefas que não exijam muita concentração. Ao estudar conteúdos que não domina muito, desligue o som e mantenha a atenção neles.

Evite interrupções não programadas

Informe a seus colegas e amigos sobre seus horários de intervalo. Peça para alguém atender e filtrar as ligações. Desligue o celular e guarde-o. Verifique os recados nos intervalos.

Aproveite cada momento

Nem sempre conseguimos estudar num só local. No caso de aproveitar o tempo para memorizações mais pontuais, você pode utilizar vários tipos de locais e circunstâncias. Pode ler no ônibus; lembrar fórmulas, frases e temas enquanto anda ou espera numa fila; relembrar tudo isso cantando no chuveiro, pensando, a caminho da escola ou do trabalho. Mantenha um pequeno bloco à mão para anotar palavras e frases interessantes, dúvidas, dicas, soluções.

3. Outras dicas para melhorar o aprendizado

Estude todos os dias

A constância é imprescindível — ela molda o hábito. Caso você esteja adiantado, com conteúdos já vistos, reveja-os. Sempre há um esquema para fazer, um tema difícil para revisar, um trabalho pendente aguardando solução. Comprometa-se com seu objetivo: seja constante e disciplinado.

Elabore seus objetivos na medida de suas possibilidades

É melhor ter objetivos simples, que possam ser cumpridos em tempo hábil, do que ter objetivos muito ambiciosos e irrealizáveis no curto prazo, e que poderão causar frustração e desânimo. Felicite-se e premie-se quando conquistar os objetivos fixados. Comemore!

Aprenda com seus erros e acertos

Verifique regularmente se conseguiu cumprir os objetivos a que se propôs. Refaça seus planos em função dos resultados.

Trabalhe com persistência e convicção

Não se deixe vencer pelas primeiras dificuldades. Entregue-se ao desafio que você traçou. Mantenha o ânimo: quase sempre somos mais capazes do que acreditamos ser.

Faça as tarefas e exercícios solicitados

Não deixe acumular nada e corrija tudo com atenção. É importante praticar; logo, não os copie de um colega, pois você pode ter a falsa sensação de haver feito os exercícios e de saber como fazê-los.

Resolva suas dúvidas

Se estiver em casa, consulte dicionários, enciclopédias, livros teóricos. Caso não consiga solucioná-las, anote-as, para depois perguntar ao professor ou instrutor.

Se estiver em classe, pergunte aos colegas ou ao professor.

NUNCA FIQUE COM DÚVIDAS por muito tempo, pois a dúvida, e não a solução, ficará gravada na sua cabeça.

Cuide da ortografia, da qualidade da letra e do texto

A ortografia pode melhorar se você ficar atento às palavras, consultando as regras ortográficas e mantendo-as na cabeça. Se estiver em dúvida, numa situação de emergência, procure usar um sinônimo.

A letra também pode ser melhorada. Basta prestar atenção a elas sempre que for escrever, desenhando-as com cuidado e capricho.

O texto (a expressão escrita) vai melhorar se você pensar frases completas — com sujeito, predicado e complementos de lugar e de tempo — e ensaiá-las (mentalmente ou em voz alta), para ver se ficaram boas, antes de colocá-las no papel de forma definitiva.

Pense...

- No que quer dizer e o faça de maneira singela, seguindo uma ordem temporal clara.
- Para quem aquele assunto é interessante e por que é interessante.
- Em como dizer prevendo a reação do leitor.

Releia...

- Para verificar se o que você escreveu soa bem e faz sentido.
- Para analisar se o que você escreveu está de acordo com o que você pensou e queria escrever.
- Caso não fique satisfeito com o resultado, refaça.

Simplifique...

- Elimine palavras desnecessárias, rebuscadas e redundantes. Já se foi o tempo em que escrever bem consistia em expressar-se com palavras difíceis e pomposas.
- Comunique-se com clareza e simplicidade.

Julgue...

- Seu trabalho sem indulgência. Se não estiver bom, refaça quantas vezes forem necessárias, até se sentir satisfeito.

Pausa para o lazer

O jogo dos 7 erros

Olhe bem esta cena e marque somente as afirmações com as quais você concorda.

O telefone celular

- Desligue-o e tire-o da mesa.
- Desligue-o e não o use enquanto estuda.
- É sempre bom tê-lo à mão para o caso de dúvidas.

A hora de estudar

- A melhor hora para estudar é de madrugada: não há ruídos.

- É preferível estudar de dia e descansar à noite.
- É melhor estudar com a janela fechada sempre.

Os pés

- Não chegam até o chão. Seria melhor sentar sobre uma cadeira mais baixa para ter uma postura mais estável.
- A posição dos pés não influi no bem-estar.
- É melhor ficar descalço para estudar e movimentar os dedos dos pés.

A luminosidade

- A luminária deve ter uma lâmpada de pelo menos 100 *watts*. Melhor trocar a luminária ou eliminá-la.
- Não é bom estudar com um foco de luz na mesa.
- A luz deve chegar do lado contrário com o qual escrevemos. Troquemos a luz de lugar.

O dicionário

- O dicionário não é de grande utilidade; é melhor usar uma enciclopédia, que tem mais informações.
- O dicionário ficaria muito bem na estante: estará perto, caso necessário.
- O dicionário deve estar sempre sobre a mesa de estudo.

A música e os fones

- Ouvir rock é bom para estudar porque estimula o hemisfério direito do cérebro.

- Desligue a música, principalmente se ela for movimentada e alta.
- Os fones devem cobrir bem as orelhas para isolar os ruídos do ambiente.

Soluções

O telefone celular

- Desligue-o e tire-o da mesa de estudo.

A hora de estudo

- É preferível estudar durante o dia e dormir bem à noite.

Os pés

- Os pés devem estar apoiados no chão. A cadeira deve ser cômoda.

A luminosidade

- A luminária deve estar do lado oposto àquele com o qual escrevemos.

O dicionário

- O dicionário deve ficar perto, na estante. **SEMPRE.**

A música e os fones

- Tire os fones e deixe de lado a música, sobretudo se for alta e movimentada.

Bloco 3 | Estratégias de atenção e leitura

Capítulo 8

Atenção e concentração

A atenção é a base da consciência.

É importante no processo de aprendizagem de tudo o que vivemos, tanto no nível mais íntimo (dos nossos pensamentos) como na apreensão dos acontecimentos que nos rodeiam.

Uma pessoa que tem atenção ao que faz possui uma das qualidades mais especiais, que faz a diferença entre um trabalho realizado e um trabalho bem-sucedido.

A concentração, por sua vez, é a capacidade de focalizar a atenção numa tarefa por mais tempo. A atenção concentrada é uma das habilidades mais difíceis de aprender, uma vez que todas as fontes de distração devem ser ignoradas e a mente deve estar alerta, focada de maneira completa no objeto no qual se deve manter a atenção.

Concentração demanda energia e persistência.

1. Dicas para uma boa concentração

- Antes de começar a estudar, anote numa lista tudo o que vem à sua cabeça, desde as menores preocupações (como uma torneira pingando ou o filme que você pretende ver à noite) até as maiores (passar no vestibular, pedir aumento aumento ao chefe durante uma reunião privada, por exemplo). Agora, ponha a lista de lado. Se lembrar mais alguma coisa enquanto estiver estudando, inclua. Resolva as coisas que escreveu ao acabar o estudo.

- Marque o tempo que você quer dedicar ao estudo num despertador ou num cronômetro e não pare de estudar até que o alarme soe.
- Faça pequenas pausas. Uma pausa de três minutos a cada meia hora, por exemplo, pode ser bastante útil: descansa a cabeça.
- Faça pausas maiores a cada 50 ou 90 minutos.
- Faça do estudo um processo **ATIVO**: tome notas e elabore folhas de resumo. Isso promove a concentração. Faça anotações, sublinhados, esquemas. Se você notar que sua caneta está muito parada, é porque está distraído. Lembre: não adianta apenas ler a matéria muitas vezes. Isso é insuficiente para aprender bem. **LER NÃO É ESTUDAR.**
- Misture diferentes técnicas de estudo numa mesma sessão. Por exemplo: leitura, escrita, repetição em voz alta.
- Estabeleça relações entre as coisas que você já sabe e crie as suas próprias rotas de memória. As melhores idéias são aquelas que surgem de associações de outras idéias. A ativação de determinadas associações pode levar a outras situações, com outros conteúdos. Faça um

grande cenário com tudo o que você quer aprender e recrie cenas como se fossem histórias em quadrinhos.

- Se houver ruído excessivo, utilize protetores de ouvido. Mas, se for ruído normal, procure acostumar-se com ele. Logo ele passará a ser quase nada.
- Os problemas pessoais podem ser uma fonte importante de distração. Se o problema for grave, resolva-o e volte a estudar. Se não for tão grave e puder esperar, melhor. Você já viu que pode escrevê-lo num papel e resolvê-lo depois.
- Ansiedade excessiva prejudica. Expresse a sua preocupação, comente-a com um profissional especializado com seus pais ou com amigos. Possivelmente eles irão aconselhá-lo, trazendo novas sugestões, e só o fato de você falar e tratar do assunto já fará com que o nível de ansiedade diminua.
- É impossível concentrar-se estando cansado. Portanto, se você está muito cansado, a solução é simples: pare e descanse.
- Monotonia também prejudica a concentração. Alterne matérias de diferentes tipos: ciências/línguas; teoria/prática.
- Distribua suas tarefas em pequenos blocos. Assim, você terá a impressão de que necessita de menos esforço. Isso também produz satisfação, uma vez que podemos ver, pouco a pouco, como atingimos nossos objetivos.

2. Técnicas para melhorar a atenção/concentração

Técnicas gerais

- Respire rapidamente quatro vezes. Depois, respire outras quatro vezes, mais devagar. Repita de três a quatro vezes.
- Pense numa palavra de quatro sílabas. Tente soletrá-la de trás para a frente.
- Feche os olhos e lentamente conte de cinco até zero. Veja cada número desaparecer atrás de uma montanha imaginária.

Técnica do cronômetro

- Escolha um texto no qual precisa se concentrar e marque três minutos no cronômetro.
- Durante esse período, procure se concentrar ao máximo. Caso você fique distraído, recomece o exercício. Mas evite fazer muitas tentativas seguidas, pois com o tempo a concentração irá piorando.
- Se você não se distraiu, aumente o tempo para três minutos e meio. Depois para quatro, cinco, seis... Assim, pouco a pouco, você será capaz de concentrar-se por mais tempo.
- Elabore um gráfico e marque todos os dias o seu tempo. Veja seus progressos diários e procure superar-se...

- Ah, sim: faça esse exercício fora de seu horário de estudo.

Técnica de marcação de letras

- Escolha um texto impresso.
- Enquanto lê, assinale algumas letras (por exemplo: a, c, d). Mude sempre as letras-alvo.
- Para avaliar se o exercício foi bem feito, é só usar um processador de texto com as opções "Localizar" e "Substituir". Aí coloque, por exemplo, localizar "a" e substituir por "X" (maiúscula). Ficará fácil contar os acertos.
- Vamos experimentar? Assinale, no texto a seguir, as letras **h**, **r** e **v**.

A Idade do Ferro, narrada por Hesíodo em *Os trabalhos e os dias*, é na verdade uma crítica a seu próprio tempo e ao futuro que o aguardaria caso a injustiça continuasse prevalecendo. Desnecessário comentar a atualidade do aviso do poeta. Nossa experiência no mundo torna óbvios quaisquer comentários.

Há dois aspectos interessantes na comparação entre a era de Hesíodo e a nossa, no que diz respeito aos vaticínios do poema. Um deles é que a nossa civilização, herdeira da cultura grega antiga, caberia sem esforço no quadro que Hesíodo esboça. Os verbos, sempre no futuro, bem poderiam referir-se a nosso tempo: "Honrar-se-á muito mais ao malfeitor"; "Graça alguma haverá a quem jura bem, nem ao justo, nem ao bom"; "Com a lei na mão, um do outro saqueará a cidade". Não soa familiar?

(Bernadette Siqueira Abrão, em *Dicionário de mitologia*. São Paulo: Best Seller, 2000.)

▸ Veja o resultado:

A Idade do Ferro, narrada por Hesíodo em *Os trabalhos e os dias*, é na verdade uma crítica a seu próprio tempo e ao futuro que o aguardaria caso a injustiça continuasse prevalecendo. Desnecessário comentar a atualidade do aviso do poeta. Nossa experiência no mundo torna óbvios quaisquer comentários.

Há dois aspectos interessantes na comparação entre a era de Hesíodo e a nossa, no que diz respeito aos vaticínios do poema. Um deles é que a nossa civilização, herdeira da cultura grega antiga, caberia sem esforço no quadro que Hesíodo esboça. Os verbos, sempre no futuro, bem poderiam referir-se a nosso tempo: "Honrar-se-á muito mais ao malfeitor"; "Graça alguma haverá a quem jura bem, nem ao justo, nem ao bom"; "Com a lei na mão, um do outro saqueará a cidade". Não soa familiar?

Técnica da dessensibilização

▸ Trata-se de uma técnica simples e que dá resultados a longo prazo. Consiste em você se forçar a realizar pequenos atos dos quais não gosta, mas que trazem benefícios para seus estudos.

▸ Faça ao menos um por dia. Por exemplo: coma um prato de salada inteirinho sem protestar; coma frutas durante os intervalos, em vez de guloseimas; leia um trecho de um texto bem complicado e procure entendê-lo.

▸ Em resumo, imponha-se desafios. E vença-os!

3. Relaxamento

Aprender a relaxar é muito importante para:

- melhorar a atenção durante as aulas;
- evitar ter um "branco" durante a prova, o teste ou a apresentação;
- dormir melhor;
- melhorar a concentração.

Lembre que tensão excessiva na hora de estudar é prejudicial. Por isso, pratique o relaxamento antes de começar a estudar. Não o inclua no período do estudo; se você marcou duas horas de estudo por dia, não tire meia hora desse tempo para o relaxamento.

Seja paciente. O estudo requer planejamento e constância.

Dicas gerais sobre relaxamento

Antes de começar um relaxamento, é conveniente ter em conta que:

- é melhor praticar o relaxamento sentado, para evitar a sonolência excessiva;
- é necessário utilizar uma cadeira cômoda e apóie as costas, que deverão permanecer retas;
- os pés devem tocar o chão e as palmas das mãos deverão estar apoiadas sobre as coxas;
- a roupa usada esteja cômoda. Se necessário, solte seu cinto ou desabotoe a calça. Tire os sapatos, solte o cabelo. Livre-se de todas as pressões e tensões;

▸ a luz deve ser adequada. Nem muito brilhante, nem muito escura;

▸ será melhor se você ficar longe de qualquer estímulo que possa interromper seu relaxamento: desligue o celular, a televisão e o som;

▸ você pode mentalizar que esse momento de relaxamento é só seu — você merece essa pausa.

Relaxamento mental

Experimente esta técnica quando estiver com a cabeça muito cheia, com pensamentos que perturbam ou impedem a concentração.

▸ Sente-se numa cadeira bem confortável, com as costas e as pernas bem apoiadas.

▸ Feche os olhos lentamente, como se suas pálpebras estivessem pesadas.

▸ Respire profundamente. Retenha o ar e solte lentamente. Faça isso algumas vezes.

▸ Pense em um lugar agradável, ideal para um descanso (praia, flutuando no espaço...)

▸ Imagine e sinta todas as sensações agradáveis deste lugar: o canto dos pássaros, o sol, a brisa, o som das ondas do mar.

▸ Pense em quanto você é feliz ali. Esqueça todo o resto.

▸ Volte à realidade lentamente, contando até cinco.

▸ Abra os olhos. Movimente-se lentamente. Fique de pé e espreguice-se exageradamente.

▸ Pense no seu próximo objetivo, pare seu pensamento nele por alguns instantes e siga adiante.

Relaxamento físico

Muitas vezes não adianta apenas tentar relaxar a mente. Nossos músculos estão tensos; a mandíbula, apertada e os punhos, fechados. Não conseguimos manter paradas as pernas e as mãos. Pois bem: nessa hora, faça um relaxamento total.

▸ Sente-se numa cadeira confortável, com as costas e as pernas bem apoiadas.

▸ Feche os olhos lentamente, como se suas pálpebras estivessem pesadas.

▸ Respire profundamente. Retenha o ar e solte lentamente. Faça isso algumas vezes.

▸ Tensione todos os músculos do rosto: testa, bochechas, lábios, olhos. Agora, relaxe-os lentamente e pense no quanto estão soltos, relaxados. Repita o exercício.

▸ Mantenha os olhos fechados e mova-os em círculos. Faça isso três vezes para a esquerda e depois outras três para a direita.

▸ Abaixe a cabeça, procurando encostar o queixo no peito. Tensione os músculos do colo. Levante lentamente a cabeça e em seguida repita o exercício.

▸ Incline a cabeça para trás. Volte lentamente e depois e repita o exercício.

- Tensione os músculos das costas até que ela fique arqueada. Relaxe devagar e repita o exercício.
- Contraia os músculos do abdome. Relaxe-os lentamente e repita o exercício.
- Contraia os braços, como se estivesse levantando pesos. Relaxe lentamente e repita o exercício.
- Feche os punhos com força. Relaxe devagar e repita o exercício.
- Contraia os músculos das pernas. Relaxe-os lentamente e repita o exercício.
- Force os dedos dos pés para cima. Relaxe devagar e repita o exercício. Agora, force-os para baixo. Relaxe devagar e repita o exercício.
- Verifique se todos os músculos de seu corpo estão relaxados.
- Permaneça relaxado, e com os olhos fechados, por mais um minuto.
- Abra os olhos devagar e permaneça assim por 30 segundos.
- Movimente-se lentamente. Fique de pé e espreguice-se com vontade de se alongar, de crescer.

Capítulo 9

Ler e compreender

Ler! Ai, que vontade eu tenho de ler tudo o que vejo e que me cai nas mãos! Desde criança eu lia praticamente tudo, desde a coleção Tesouro da Juventude até livros como *O crime do padre Amaro*, de Eça de Queiroz (para horror de minha mãe e delícia da minha tia Olga). Começar a ler, para mim, foi como mágica: de repente eu sabia todas as letras, as que ficavam "de par" (as consoantes) e as que podiam ficar sozinhas (as vogais). Lembro-me, também, de ter ficado bastante intrigada quando li o livro *Rosinha, minha canoa*, de José Mauro de Vasconcelos. No livro ele contava que tinha aprendido a ler sozinho, só de ouvir a leitura das irmãs e depois compará-la aos textos que ficavam sobre a mesa.

O processo de leitura é difícil no começo porque tentamos adivinhar o que está escrito levando em conta as ilustrações. Quando não há nada acompanhando a mensagem escrita, nós nos arriscamos a pensar no que está escrito. Começa-se a ler aceitando um novo desafio e atirando-se a ele, buscando compor um todo significativo. Eu me lembro até hoje de como aprendi a ler, na primeira cartilha, e de como treinava duas, três ou quatro vezes, até que a minha leitura tivesse uma boa entonação e eu entendesse o sentido do texto.

Em nosso mundo, em que o conhecimento é a base, a leitura eficiente é um dos mais vantajosos atributos que uma pessoa pode ter. É o meio mais efetivo de transformar informação em conhecimento.

Os melhores leitores, aqueles que têm muita prática, lêem a uma velocidade de quase 1.000 palavras por minuto, com cerca de 85% de compreensão. Saibam que esses representam só 1% dos leitores. Leitores médios constituem a maioria e estes atingem uma velocidade de 200 palavras por minuto, com uma compreensão de cerca de 60%.

Isso pode parecer surpreendente, uma vez que a maior parte desses leitores médios lê ativamente documentos no trabalho, jornais, revistas, livros e conteúdos de *websites* por pelo menos uma hora por dia e, com tal treino, deveriam ser capazes de melhorar seu desempenho. Mas infelizmente não é assim. Nosso *leitor médio é cinco vezes mais lento que* o bom leitor e esses números pioram quando consideramos também a eficiência da compreensão leitora.

Quantos desses leitores médios têm consciência de que não entendem tudo o que lêem? Quantos não sabem o prazer que a leitura pode trazer e desistem de ler?

E quantos querem ler melhor? Muitas vezes, treinar a leitura não basta. É preciso exercitar-se com tarefas mais específicas.

Pensemos nos benefícios da boa leitura e mãos à obra!

Calcule sua velocidade de leitura

Ler com rapidez, *entendendo* o texto, é fundamental para potencializar o estudo e o aprendizado. Nem todos, porém, conseguem fazer isso. A boa notícia é que a prática e o treino podem levar a um aumento de até 50% na velocidade de leitura.

O primeiro passo para conseguir melhorias nessa área é determinar qual a sua velocidade *atual*. Para isso, leia o texto a seguir o mais depressa que puder, procurando reter o máximo de informações. Em seguida você irá calcular a sua velocidade de leitura. Vamos lá?

> A leitura eficiente é uma habilidade importante no que diz respeito à aquisição de conhecimento, não só no estudo formal, acadêmico, mas também na formação intelectual e cultural do estudante. A maior parte das informações que recebemos é transmitida por meio da letra impressa e disso decorre a importância e a necessidade de alcançar uma boa compreensão da leitura.

As estratégias de compreensão de leitura são ferramentas que todos podem aprender e usar para melhor entender o significado do que lêem.

A compreensão depende da complexidade do texto, isto é, da forma visual com a qual o texto é apresentado, do grau de familiaridade que o leitor tem com o tamanho das palavras veiculadas, da estrutura com que as frases são montadas e da sofisticação do vocabulário.

Alguns textos são muito simples de ler e compreender. Outros, tais como textos técnicos e científicos, são mais difíceis, porque contêm termos complexos, sentenças longas e muitas vezes estão fora do estilo direto de comunicação.

Nos últimos anos tem havido um esforço para simplificar o uso da língua em todos as formas de documentação. Os contratos legais, por exemplo, tornaram-se muito mais fáceis de ler porque obedecem a uma forma mais simples e clara de estilo, sem rebuscamentos: o simples passou a ser belo.

Apesar dessa tendência, e mesmo fora da área técnica, ainda enfrentamos a difícil tarefa de ter que compreender pilhas de anotações, livros, *e-mails*, cartas e relatórios. Embora o formato de todas essas mensagens possa ser mais simples, a quantidade de informação que precisamos digerir na era da globalização é sem precedentes na história do homem. Por isso devemos aumentar nossa velocidade leitora e desenvolver uma melhor compreensão de texto.

Nosso cérebro pode interpretar qualquer detalhe do que a vista abrange e o registra em cada movimento ocular, o que nos dá a capacidade de assimilar blocos completos de palavras cada vez que nossos olhos se movem sobre um texto. Quando treinamos nossa capacidade leitora, conseguimos captar diretamente do texto o sentido de cada frase, diminuindo, assim, as possibilidades de distração e aumentando a capacidade de concentração.

Podemos observar que algumas pessoas digitam textos no computador sem olhar para o teclado. Isso acontece porque seus cérebros aprenderam a relacionar uma certa localização no espaço com a imagem definida para cada letra e reagem imediatamente quando se apresenta determinado estímulo visual. Se essas mesmas pessoas passam a digitar olhando para o teclado, a velocidade diminui e é muito provável que cometam mais erros, uma vez que os processos conscientes passam a seguir uma seqüência de ações mais elaborada e ainda não armazenada como conduta-padrão em nossa memória de procedimentos.

O mesmo acontece quando passamos a fazer a leitura observando blocos de palavras. Se deixarmos que um frase chegue ao nosso cérebro sem darmos a ela uma atenção direta, os mecanismos internos, desenvolvidos pela experiência leitora, encarregam-se de relacioná-la com a idéia que representa, e isso de modo quase imediato, sem necessidade de analisar palavra por palavra.

Isto é, o fluxo é contínuo e rápido.

A melhor maneira de aumentar as habilidades para a leitura é ler, ler e ler.

Se reservarmos 15 minutos diários para ler algumas páginas de um livro, imagine quanto teremos treinado de leitura em um mês!

É IMPORTANTE SABER QUE A VELOCIDADE E A COMPREENSÃO LEITORAS PODEM MELHORAR ATÉ 50% COM A CONSTÂNCIA DE TREINAMENTO.

Por isso consideramos fundamental o empenho nesta tarefa. Assim, cada vez mais ela se tornará um hábito AGRADÁVEL, que se estenderá para todos os momentos de emoção, de tristeza, de alegria e de lazer nos finais de semanas, nas férias, no estudo, no trabalho.

Fontes: www.speedreader.com e
www.rocketreader.com

Marque quantos minutos você levou para ler este texto de 602 palavras.

Agora, aplique a seguinte fórmula:

$$\textbf{Velocidade} = \frac{\text{número de palavras lidas}}{\text{tempo em minutos}}$$

(Digamos que você tenha levado 2 minutos para ler 602 palavras. Basta dividir o número de palavras [602] pelo tempo [2 minutos] para saber sua velocidade de leitura: 301 palavras por minuto.)

Anote: sua velocidade é de _______ palavras por minuto.

Agora, faça sua avaliação de acordo com os parâmetros que vêm a seguir.

Mais de 350 palavras por minuto: Muito bom! Você é um leitor rápido. Este é um nível em geral alcançado por estudantes do ensino superior, por leitores assíduos ou por quem fez algum treinamento de leitura dinâmica.

De 250 a 350 palavras por minuto: Acima da média.

De 230 a 250 palavras por minuto: Na média.

De 249 a 200 palavras por minuto: Abaixo da média.

De 150 a 200 palavras por minuto: Leitor lento, com baixa compreensão do conteúdo.

Menos de 199 palavras por minuto: É preciso melhorar muito. Leia, leia e leia as técnicas explicadas a seguir. Pratique-as todos os dias.

Experimente agora ler em voz alta e calcule a sua velocidade. Qual é a diferença?

Capítulo 10

Ler e compreender... melhor

A leitura é a base do estudo. E o que significa ler? Ler implica focalizar pontos no espaço gráfico; movimentar, de maneira coordenada e harmônica, a musculatura ocular à medida que se esquadrinha a página; e buscar, analisando gradualmente o conteúdo, relações duradouras de compreensão, que fazem com que a informação seja guardada.

Durante a leitura o movimento dos olhos se efetua aos saltos, de um ponto de fixação para outro, seguidamente. O leitor experiente dá poucos saltos e utiliza menos pontos de fixação.

Para a maioria das pessoas ler é um prazer. Calcula-se que 20% da população apresentam problemas de leitura sérios, o que, é claro, acaba com o prazer que a leitura pode proporcionar.

Mas isso pode mudar. Basta *praticar* a leitura com exercícios específicos para isso. Acredite: os livros, em especial os narrativos, foram escritos segundo uma estrutura ordenada, que facilita a leitura e a compreensão.

Com um pouco de esforço qualquer um de nós pode "captar" essa estrutura, assimilá-la e ler mais depressa, entendendo tudo.

Reserve, todos os dias, um tempo para a leitura. Leia na hora de deitar, por exemplo. E leia várias vezes com o mesmo texto: a previsibilidade é fator importante para o treino. O importante é cultivar o hábito.

1. Dicas para uma leitura ativa

- Faça sempre duas leituras. A primeira, a "pré-leitura", é geral e ajuda a identificar as idéias mais importantes: títulos, subtítulos, palavras destacadas e ilustrações. A segunda, chamada de "leitura compreensiva", é mais detalhada. Nela, buscamos entender tudo o que lemos, colocando a atenção em gráficos, legendas e outros complementos.
- Mantenha um dicionário por perto. Procure todas as palavras cujo significado seja obscuro.
- Faça anotações nas margens. Não se intimide: o livro é seu. Sublinhe, marque, faça referências. Para isso, tenha um lápis sempre à mão.
- Procure logo a idéia principal do texto. Você deverá distinguir entre a idéia principal, as secundárias e os detalhes (veja "Estratégias de memorização", a partir da página 99.

- Anote num caderno as palavras ou frases que apresentam idéias difíceis de entender. Depois, recorra ao dicionário ou a um bom interlocutor para solucionar as dúvidas. Isso ajuda sua concentração, além de permitir a avaliação de seus progressos na compreensão do texto.
- Relacione as novas informações com aquelas que você já sabe. Se um texto tiver alguma relação com algo já estudado, faça uma anotação à margem, do tipo "ver tal coisa".
- Quando você encontrar uma palavra parecida a outra já conhecida, procure encontrar a diferença entre elas. Este é um bom método para ampliar o vocabulário.
- Quando não conseguimos entender um texto, é melhor parar e voltar para o começo. Aí, o ideal é prosseguir lentamente, idéia por idéia, compreendendo o raciocínio de quem o escreveu. Usar o dicionário e ou conversar sobre as dificuldades encontradas ajuda muito.
- Se você volta constantemente a ler o que já leu, (lembra-se da previsibilidade?) é melhor ir mais devagar e aumentar a concentração.
- Lembre-se: ler com boa velocidade faz com que a compreensão do texto melhore. Isso porque o nível de concentração será maior, o que permite fazer associações mais rápidas e eficazes do material lido com as informações que já temos na cabeça.

2. Entendendo a capacidade de leitura

▸ A leitura precisa ser rápida, porém não tão rápida a ponto de prejudicar a compreensão do texto. É necessário ler várias palavras num só ponto de fixação. Os leitores mais rápidos podem ler cinco palavras a cada ponto de parada do olho.

▸ Os olhos fotografam as palavras, que, transformadas em impulsos eletroquímicos, são enviadas ao cérebro e "reveladas" por ele. Os olhos vêem, mas não interpretam. Quem o faz é o cérebro, ao revelar as fotos. As palavras e as frases tornam-se significados.

▸ O leitor iniciante, preocupado em soletrar sílaba por sílaba enquanto lê, vê-se obrigado a reduzir o foco de sua "máquina fotográfica", o que o leva a baixas velocidades de leitura.

▸ Quando evitamos a silabação, abrimos cada vez mais, nosso campo visual, o que permite captar, em uma só "foto", um bloco inteiro de palavras.

▸ Uma boa dica é fixar a vista na parte superior das palavras. Ali há mais informação para ser decifrada. Somente com a parte de cima das palavras já é possível ler bem uma frase. Se prestarmos atenção à parte de baixo delas, porém, a coisa fica bem complicada. Comprove:

▸ Nos leitores com bastante prática, o fluxo de informação visual dirige-se diretamente às áreas associativas do cérebro, isto é, as áreas especializadas na compreensão, sem fazer grandes paradas nas áreas de registro visual. Para estes leitores, que lêem idéias e não letras, basta a decodificação da primeira e da última letra de cada palavra, não importando a ordem, mas sim a presença das outras letras da palavra.

▸ Veja e comprove esta afirmação neste pequeno texto que muitos de vocês podem já ter recebido por correio eletrônico.

> Pxua! Sreá pssoíevl? Vcoê cnogusee ler itso? Vjea só essa!
>
> De aorcdo com uma pqsieusa de uma uinrvesriddae ignlsea, não ipomtra em qaul odrem as lrteas de uma plravaa etãso, a úncia csioa iprotmatne é que a piremria e útmlia lrteas etejasm no lgaur crteo. O rseto pdoe ser uma ttaol bçguana que vcoê pdoe anida ler sem pobrlmea. Itso é poqrue nós não lmeos cdaa lrtea isladoa, mas a plravaa cmoo um tdoo. Cruisoo, não ahca?

▸ Vejam agora como, graças a uma propriedade da percepção visual chamada *constância perceptual*, somos capazes de comparar as formas das letras com as formas dos números e, por semelhança perceptual, chegar a entender a mensagem que vem a seguir.

M473M471C0 (53N54C1ON4L):

4S V3235 3U 4C0RD0
M310 M473M471C0.
D31X0 70D4 4 4857R4Ç40 N47UR4L D3 L4D0
3 M3 P0NH0 4 P3N54R 3M NUM3R05,
C0M0 53 F0553 UM4 P35504 R4C10N4L.
540 5373 D1550, N0V3 D4QU1L0...
QU1N23 PR45 0NZ3...
7R323N705 6R4M45 D3 PR35UNT0...
M45 L060 C410 N4 R34L
3 C0M3Ç0 4 F423R V3R505
H1NDU-4R481C05M473M471C0
(53N54C1ON4L)

Maravilhoso, não?

Capítulo 11

Treinando a capacidade de fixação

Ler é focalizar pontos no texto. Algumas pessoas só conseguem ler duas letras por foco; outras, uma palavra completa ou várias palavras de uma vez. Quanto maior for a amplitude do foco, maior será a rapidez da leitura.

Este capítulo traz uma série de exercícios para você desenvolver sua capacidade de fixação e, conseqüentemente, potencializar sua capacidade de leitura. Você verá que entre os textos existem triângulos brancos — eles servirão de guia para seus olhos, que devem se fixar nele.

1. Aprendendo a fazer o olho parar

▸ Sua meta: ler com um só ponto de fixação cada grupo de palavras. Para isso, focalize os triângulos brancos na hora de ler.

▸ Comece pela linha que tem apenas uma palavra e vá lendo uma linha de cada vez até chegar a uma linha que exigirá dois pontos (triângulos) de fixação para ser lida.

▸ A última linha que você consegue ler com um só ponto (triângulo) de fixação será sua amplitude.

▸ Lembre que você deve ler de cima para baixo, fixando os olhos nos triângulos, e verificar quantas palavras consegue ler numa só parada.

▸ Quando estiver lendo, esforce-se para ler o maior número de palavras numa só parada. Lembre-se de ler idéias, não palavras.

▸ Pense que, ao ler, não unimos letra por letra. Só fazemos isso quando deparamos com palavras novas. O que costumamos fazer, inconscientemente, é identificar a "forma" das palavras — que, para nós, representa a idéia.

▽

quem

▽

disse

▽

que nunca

▽

teve um branco

▽

durante toda a vida?

▽

Certamente isso aconteceu com você.
Afinal, brancos acontecem com todo mundo.

minha
▽
amiga
▽
me disse
▽
que tem uma
▽
coleção de discos de vinil,
▽
coisa que quase ninguém mais tem.

uma
▽
leitura
▽
mais rápida
▽
pode nos auxiliar muito
▽
nas mais variadas situações.
▽
Isso vale também para a leitura de
▽
legendas dos filmes estrangeiros a que você assistir.

Quantas palavras você conseguiu ler em uma só parada? O ideal é ler no mínimo duas. Três palavras é uma marca ótima. Mais do que isso é difícil, porém possível.

2. Ler com poucos pontos de fixação

Os exercícios que vêm a seguir vão ajudá-lo a reduzir o número de paradas de olhos. Isso fará com que você leia mais depressa.

a) Ler palavra por palavra

Leia uma palavra de cada vez, fixando o olhar em cada triângulo branco.

```
▽  ▽     ▽      ▽     ▽     ▽
Ao ler, procure não seguir as
▽      ▽   ▽   ▽     ▽   ▽    ▽
linhas com o dedo. Siga as palavras
▽  ▽  ▽    ▽        ▽    ▽   ▽
só com o movimento dos olhos. Esta
▽       ▽   ▽     ▽       ▽   ▽
técnica facilita a manutenção da atenção.
```

b) Ler duas palavras de cada vez

Leia duas palavras de cada vez, fixando o olhar em cada triângulo branco.

▽ ▽
As interrupções podem atrapalhar
▽ ▽ ▽
a elaboração de qualquer tarefa, em especial
▽ ▽ ▽ ▽
na leitura. Se interrompermos o que estamos lendo,
▽ ▽ ▽ ▽
seremos obrigados a voltar muitas vezes ao início.

Pronto! Agora você já será capaz de treinar a leitura com poucos pontos de fixação. Treine bastante para se habituar com essa nova prática.

3. Aprenda a ler "por cima"

▸ Este exercício utiliza a técnica que você já viu no capítulo 10: ler a parte de cima das palavras. Podemos educar nossos olhos para que passem rapidamente pela parte superior das palavras. Com isso, aumentaremos nossa capacidade leitora.

▸ Você verá que, nos textos a seguir, foi eliminada a parte inferior de cada linha. Em cada texto, sucessivamente, fomos eliminando um pouco mais, para aumentar a dificuldade.

▸ Os textos que você encontrará aqui servem como exemplos. O ideal é que você treine nos seus próprios livros, utilizando a técnica da janela, no item 4.

Meu avô era italiano, mas meu pai já nasceu no Brasil.
Meus familiares eram todos sapateiros. Naquele tempo,
quando eu era criança, o sapato era feito medindo
o pé do cidadão.

Como o pai queria que todos os filhos estudassem,
a falta de escolas na cidade do interior obrigou a família
a mudar-se para a capital. Os tempos difíceis levaram
os filhos a trabalhar enquanto estudavam.
À noite todos treinavam a leitura.

Adilson relata que seu pai morreu, depois da
mudança da família para a capital, fazendo que ele
começasse a trabalhar aos 14 anos, como mensageiro
em um escritório de importação. Penso que, já nesta
época, meu amigo reunia as melhores condições
intelectuais e de personalidade para alcançar o sucesso
a que logo depois chegou.

Carlos Ari Sundfeld em *A ordem dos publicistas*. Del Rey, 2004. (Textos adaptados.)

4. Técnica da janela

▸ Você poderá usar uma janela de cartolina com um retângulo recortado para concentrar-se com foco total no que está lendo. Essa janela poderá ser utilizada para diminuir o número de pontos de fixação ou para auxiliá-lo a "ler por cima".

▸ Recorte um pedaço de cartolina que tenha a largura do texto que você vai ler.

▸ Para confeccionar a janela, faça, no pedaço de cartolina, um recorte retangular, do tamanho de uma linha do texto. Isso fará com que você focalize a atenção na linha que está lendo e evite a releitura dos parágrafos anteriores.

▸ Faça também triângulos ou pontos pretos na parte de cima do recorte. É neles que você deverá fixar seu olhar quando estiver lendo.

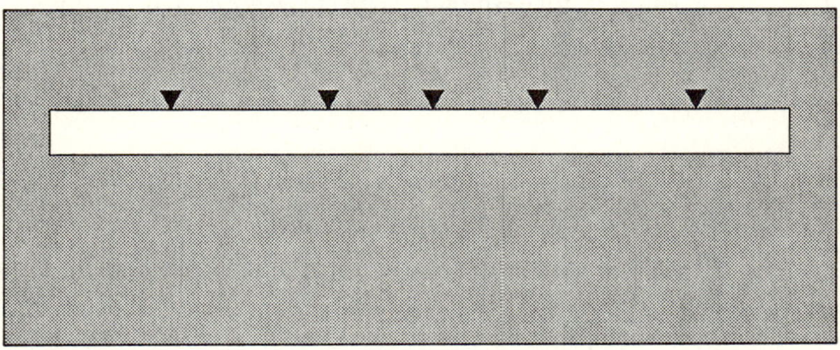

▸ Veja, no exemplo a seguir, como usar a máscara.

> A problemática do Império é determinada, em primeiro lugar, por um fato singular: a existência de uma ordem mundial. Essa ordem é expressa como uma formação jurídica. Nossa tarefa inicial, portanto, é entender a *constituição* da ordem que está sendo formada hoje. Para isso, já de saída, eliminamos duas concepções comuns a respeito dessa ordem que partem de extremos opostos: a primeira delas é a noção de que a ordem atual surge, de alguma forma, *espontaneamente*, da interação de forças globais radicalmente heterogêneas, como se essa ordem fosse um concerto harmonioso orquestrado pela mão neutra e oculta do mercado mundial; a segunda é a idéia de que a ordem é ditada por uma única potência e um único centro de racionalidade *transcendente* para as forças globais, guiando as diversas fases de desenvolvimento histórico segundo um plano consciente e onisciente, algo assim como uma teoria conspiratória da globalização.
>
> (Michael Hardt e Antonio Negri em *Império*. Trad. Berilo Vargas. Record, Rio de Janeiro: 2001. p. 21.)

▸ O tamanho da janela recortada deve ajustar-se ao comprimento e à altura do parágrafo.

▸ Pratique com textos de fácil leitura. Depois siga para textos mais teóricos e densos.

▸ Depois de aprender a fazer a leitura por pontos de fixação, você pode abandonar o uso da janela. É melhor que seus olhos "escolham" onde se fixar.

Bloco 4 | Estratégias de memorização

Capítulo 12

Tomando notas

As notas ajudam a planejar e organizar, rever e aprender. Um conjunto de boas anotações pode ter influência positiva no progresso de aprendizagem. Além disso, elas gravam ou fixam informações ou idéias com rapidez. São uma etapa-chave para transformar uma massa de informação em conhecimento útil.

Você pode tomar notas a qualquer momento, em qualquer lugar. O importante é organizar os conteúdos aprendidos de um modo que seja bom *para você*. Assim, quando voltar a consultar as anotações, será capaz de entendê-las e recuperar o que a memória guardou.

Mais uma dica: crie um sistema de anotações *aberto*. Isso significa deixar espaço para acrescentar novas anotações mais tarde, se for preciso.

Você pode tomar notas no caderno, nos livros, nas apostilas, em folhas soltas. Se conseguir organizá-las em pastas, classificadas por temas, será mais fácil consultá-las. Lembre que elas devem ser dinâmicas, coloridas, modificadas e usadas com freqüência.

Fazer boas anotações não é fácil, porque este é um assunto muito pessoal. Você terá que descobrir o modo que melhor se adapte a seu estilo. Também precisa arranjar tempo para trabalhar em suas anotações. Tomar e manter anotações sistematicamente irá ajudá-lo a desenvolver mais independência e autonomia.

1. Técnica do sublinhado

- Sublinhar é dar ênfase a informações ou trechos, para que se destaquem do texto.
- Você pode sublinhar as idéias principais, as palavras técnicas e os dados mais importantes para a compreensão do texto.
- Esta técnica pede atenção e equilíbrio. Se você sublinhar pouco, perderá as informações mais importantes. Se sublinhar quase tudo, nada chamará a atenção.
- Existem diferentes maneiras de sublinhar. Aqui vão algumas sugestões:

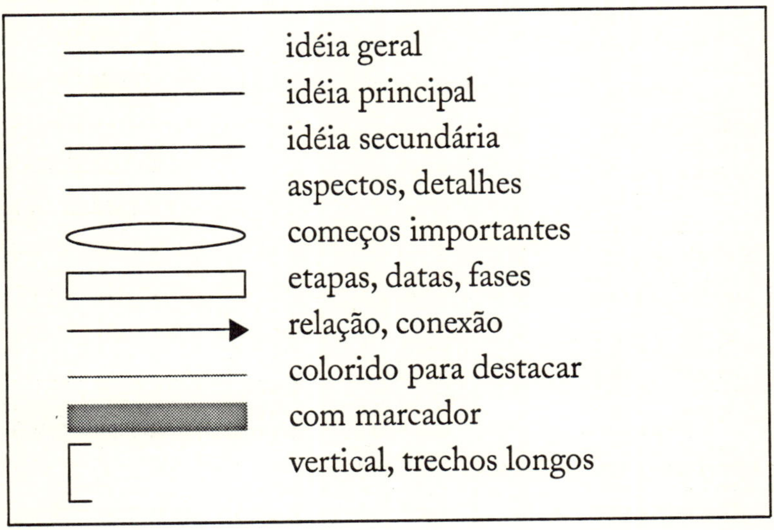

▸ Os marcadores são úteis quando usados sem exageros. Quando tiver necessidade de sublinhar um parágrafo inteiro, é melhor colocar um colchete ao lado dele, na margem da página.

▸ Veja um exemplo de texto sublinhado (trecho retirado de "A popularização da ciência", de Timothy Ferris. *O futuro do espaço-tempo*. Trad. José Viegas Filho. Companhia das Letras, São Paulo, 2005. p. 165):

Palavras-chave:

- lógica
- sentido da ciência
- mundo real

Idéia-chave:
o problema não é saber lógica, porque o raciocínio lógico pode levar a conclusões sem ligação com a realidade. O problema é captar o **sentido da ciência,** porque a ciência busca entender a realidade.

Dizem que nossos estudantes não aprendem lógica e não sabem como raciocinar, mas isso não é nem a metade do problema. Conhecemos a lógica há milhares de anos, bem antes de termos uma ciência de verdade, e o que aprendemos é que a lógica pode produzir fantásticas coleções de conclusões que quase nada têm a ver com o mundo real. Em outras palavras, existe um número infinito de universos logicamente consistentes; o que a ciência pergunta é em qual desses universos nós vivemos. O estudante que não aprender isso não poderá captar o sentido da ciência, por mais que saiba construir um silogismo ou informar que o néon é um gás nobre.

Argumento importante:
por que a lógica não é confiável para a ciência.

Dúvida da ciência que a lógica não resolve: saber em que universo vivemos.

Silogismo:
raciocínio dedutivo estruturado formalmente a partir de duas premissas, das quais, por inferência, obtém-se necessariamente uma terceira, chamada conclusão (p.ex.: "todos os homens são mortais; os gregos são homens; logo, os gregos são mortais") [Dicionário Houaiss]

Conclusão: o sentido da ciência não está nas categorias do raciocínio lógico nem nas classificações físico-químicas que a gente aprende na escola, mas na investigação da **realidade.**

Observe com atenção os seguintes detalhes:

- todas as idéias importantes foram sublinhadas;
- idéia e palavras-chave ganharam destaque, no alto da página;
- as margens da página foram usadas para comentários que ajudam a compreensão do texto;
- os comentários foram escritos de modo a funcionar também como resumo;
- foram usadas marcações diferentes para propósitos diferentes (marcador amarelo para palavras-chave; sublinhado para trechos que possibilitavam a compreensão do texto; círculo para pequeno destaque, retângulo e cores para grande destaque);
- foi anotado na margem o significado da palavra "silogismo" depois de consulta ao dicionário (o nome do dicionário também consta, para eventuais remissões);
- a conclusão vem ao final do texto, no pé da página, para facilitar a visualização e a recuperação do desenvolvimento da idéia.

2. Técnica do mapa mental

- Os mapas mentais foram criados por Toni Buzan. Depois houve muitas adaptações, para usos variados.
- Os mapas mentais são úteis para a análise e o armazenamento de idéias. Veja o tipo de mapa que propomos a seguir.

▸ Para elaborá-lo, use uma folha grande e alguns marcadores coloridos.

▸ Coloque o conceito mais geral no centro da folha e desenhe um círculo ou um retângulo em volta.

▸ Agrupe as subcategorias em torno da noção central, criando pictogramas e usando cores para distingui-las.

▸ Trabalhe do conceito geral, no centro da folha, para os conceitos particulares (que devem ser colocados na direção das margens).

▸ Você pode usar o mapa para preparar uma leitura ou para compreender um texto. Pode pendurá-lo na parede. De vez em quando, concentre nele toda a sua atenção, para lembrar conceitos, categorias e subcategorias.

▸ Veja a seguir um exemplo de mapa mental.

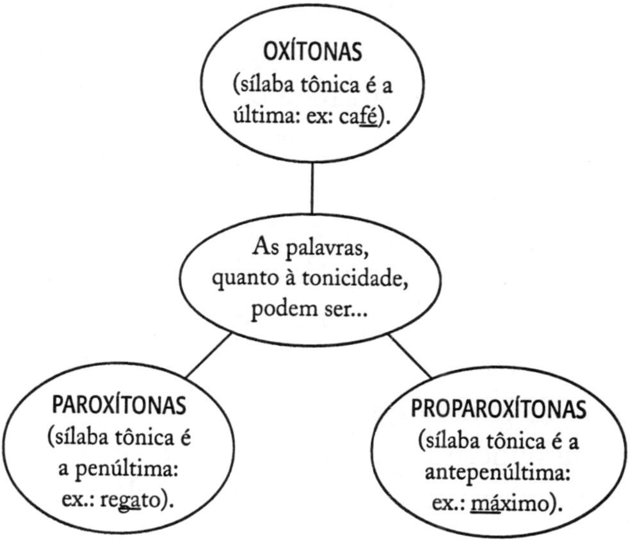

3. Esquemas

- Esquemas são técnicas que organizam, de forma lógica e facilmente visível, as idéias ou informações contidas num texto.
- Elabore esquemas por assunto e em uma ou duas folhas, no máximo. Assim, fica mais fácil memorizá-los.
- Como o esquema deve ser facilmente visualizado, é imprescindível que seja breve. As idéias devem estar apontadas, e não explicadas detalhadamente. Aqui, a síntese é fundamental.
- Outro ponto importante: ele deve seguir a ordem do texto para ser compreendido com rapidez e facilidade.
- Inclua **TODAS** as informações importantes, utilizando o menor número possível de palavras.
- Use e abuse de símbolos e abreviaturas, para aproveitar o espaço. Invente seus próprios símbolos! Eles estarão armazenados na sua memória visual e ajudarão no momento em que você precisar tomar nota de algo rapidamente. Os símbolos também são úteis na hora de fazer anotações nas margens do esquema.
- Tenha em mente os desenhos, gráficos, fórmulas e diagramas que você precisa utilizar e memorizar. Incluí-los em seu esquema significará economia de palavras e rápida lembrança.
- Sublinhe o esquema utilizando diferentes cores ou canetas marca-texto para destacar as idéias e os dados mais importantes.

- Antes de elaborar o esquema, leia o texto. Sublinhe as idéias principais e faça anotações nas margens das páginas. Isso facilitará muito o seu trabalho.
- Divida o conteúdo em títulos ou frases que o auxiliem a localizar os temas rapidamente.
- Corrija seus esquemas. Peça a outra pessoa que revise o que você já fez. Solicite opiniões ou dicas para que seu material de estudo fique mais do que completo.
- Compare seus esquemas com os de seus colegas. Aproveite as boas idéias que eles tiveram e dê dicas para melhorar o trabalho de todos.

Esquema numérico

- Permite organizar as idéias principais e secundárias de maneira hierárquica, de acordo com a importância das idéias retiradas do texto.
- É recomendável para textos maiores e que apresentem um maior número de idéias, ou para textos menores nos quais as idéias são desenvolvidas mais profundamente.
- Um esquema numérico pode conter mais de uma página, uma vez que o objetivo não é a visualização imediata.
- Nesse tipo de esquema você vai enumerar as idéias que estão no texto. Comece pelo número 1 (o primeiro

dos elos de idéias) e, a partir daí, organize as idéias que derivam da numeração anterior.

▸ Veja o exemplo:

TEMA

1. Idéia geral
    1.1. Idéia principal
        1.1.1. Idéia secundária
            1.1.1.1. Detalhe
            1.1.1.2. Detalhe
    1.2. Idéia principal
        1.2.1. Idéia secundária
        1.2.2. Idéia secundária
    1.3. Idéia principal etc.

Esquemas de chaves, setas e barras

▸ São úteis para organizar as idéias principais e secundárias. Permitem "entender", com uma só olhadela, a organização de um texto.

▸ Devem ser feitos em uma única página, para ser facilmente visualizados.

▸ Veja, a seguir, exemplos de como elaborá-los.

Esquema de chaves

- Tema ou Idéia geral
  - 1ª idéia principal
    - 1ª idéia secundária
      - 1º detalhe
      - 2º detalhe
        - aspecto
        - aspecto
    - 2ª idéia secundária
      - detalhe
  - 2ª idéia principal
    - 1ª idéia secundária
    - 2ª idéia secundária
  - 3ª idéia principal
    - 1ª idéia secundária
      - 1º detalhe
        - aspecto
      - 2º detalhe
        - aspecto

Esquema de setas

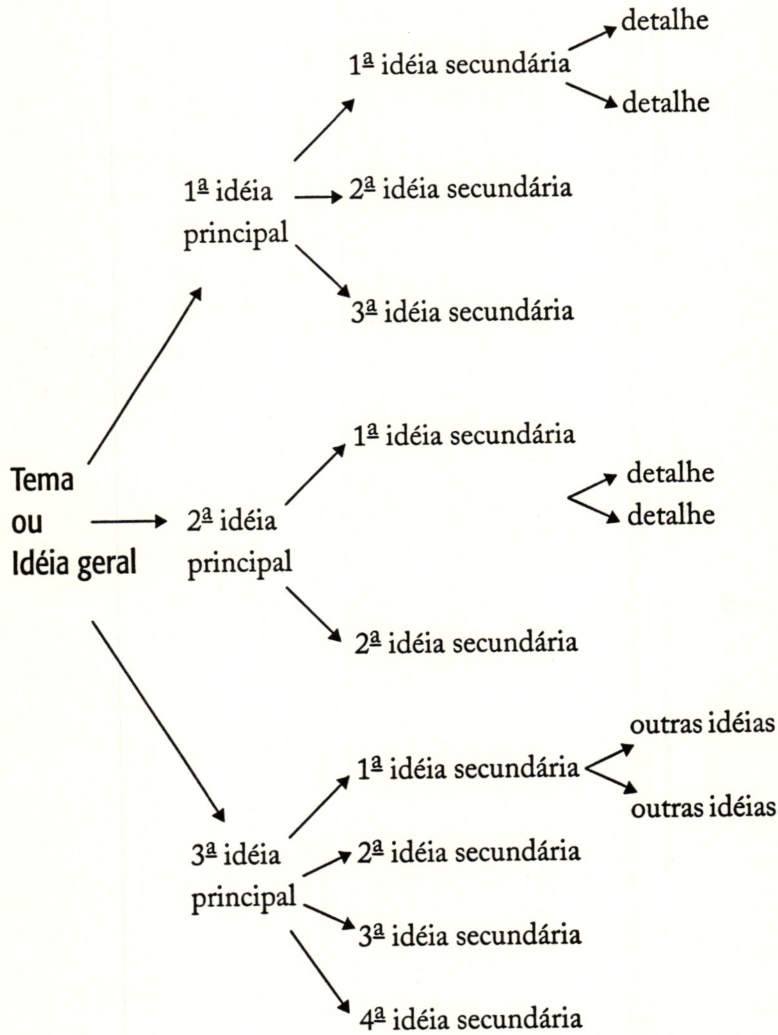

Esquema de barras

Tema
ou
Idéia geral

1ª idéia principal
a) idéia secundária
b) ____________
c) ____________
_______ detalhe
_______ detalhe
- outros detalhes
- outros detalhes

2ª idéia principal
a) idéia secundária
_______ detalhe
_______ detalhe
b) idéia secundária

c) idéia secundária

3ª idéia principal
a) idéia secundária

4. Resumos

Há várias vantagens nos resumos. Eis algumas delas:

- desenvolvem a capacidade de expressão e de síntese;
- obrigam à realização de um estudo ativo (relacionar, compreender, sintetizar);
- facilitam a compreensão da seqüência lógica do texto.

Também há inconvenientes, como:

- gasta-se mais tempo ao fazê-lo;
- não se aprende visualmente;
- informações valiosas podem se perder, uma vez que você usa seu julgamento de prioridades para elaborar uma síntese, e nem sempre seu julgamento corresponde ao do professor, ao fazer uma avaliação.

Se você sublinhar as palavras no texto original de maneira que elas formem um trecho com significado, já tem um resumo pronto!

É melhor elaborar esquemas do que resumos, **A NÃO SER QUE** se pretenda exercitar a expressão gráfica. Se o esquema estiver completo, ele, por si só, já constitui um ótimo instrumento de estudo.

Outras estratégias para anotações

Há outras maneiras de fazer anotações. *Escolha sempre* aquelas que mais se adaptam a seu jeito de ser e de estudar. Caso você se canse delas depois de algum tempo, mude! Aí vão alguns exemplos:

- Fazer uma lista com os pontos mais importantes do texto.
- Escrever as frases-chave.
- Escrever descrições, definições, exemplos.
- Realçar descrições, definições, exemplos.
- Elaborar tabelas e quadros.
- Agrupar informações de acordo com semelhanças ou diferenças.
- Classificar as informações de acordo com a principal causa-efeito.
- Escrever a seqüência de eventos.

Capítulo 13

Técnicas de memorização

Memorizar é ter capacidade de receber, registrar, armazenar e recuperar informações. Como nós as recebemos por diferentes canais sensoriais, há, em nossa memória, registros que são visuais, olfativos, auditivos, gustativos e táteis.

Nas escolas e no trabalho as informações mais trabalhadas são as auditivas e visuais.

Existem diferentes modos de memorização. Neste capítulo você conhecerá alguns deles. Experimente e analise qual é aquele que mais o ajuda a estudar e a aprender. Antes, porém, vamos aprender um pouco mais sobre a memória.

1. Tipos de memória

Memória sensorial

▸ É aquela que nos leva a lembrar de algo que foi percebido pelos sentidos. Quando ouvimos uma frase, por exemplo, podemos repeti-la em seguida. Caso passem alguns segundos, já não seremos capazes de lembrar dela.

Memória de trabalho ou memória operacional

▸ Nos últimos anos tenho ouvido as mesmas queixas, que cada vez mais se repetem: "Acabo de ouvir uma coisa e me esqueço"; "Leio uma notícia no jornal e, ao virar a página, já não me lembro dela"; "Leio uma página do livro e tenho que voltar a ela, pois já não sei mais quem é determinado personagem."

▸ O que falha nessa hora? Resposta: a memória operacional, ou memória de trabalho.

▸ E o que é a memória de trabalho? É a memória que trabalha a toda hora. É um sistema de memória de curto prazo que simultaneamente manipula e armazena a informação, enquanto ela ainda é necessária. Usamos essa importante função durante todo o dia ao conversar, ouvir e ler.

▸ Enquanto a memória de curto prazo mantém a informação na mente por poucos segundos e a memória de longo prazo pode armazená-la até de maneira permanente, a memória operacional é um sistema intermediário e ativo, que processa e retém a informação que se quer reter.

▸ Em outras palavras, a memória operacional é a nossa companheira de todo dia.

▸ Quando queremos digitar um número de telefone e, nesse mesmo momento, alguém pede uma informação, recorremos à memória de trabalho para, depois, poder continuar a chamada.

- Quando, ao contar uma anedota, somos interrompidos por uma pessoa que quer contar outra, temos que recorrer à memória de trabalho para retomar nossa piada e contá-la até o fim.
- A memória operacional ou de trabalho tem sido conceituada como um dispositivo, composto por múltiplos componentes, responsável pela retenção e manipulação da informação. Dois especialistas, Baddeley e Hitch, foram os primeiros a usar esse termo para a habilidade de manter alguns fatos ou pensamentos na memória enquanto estamos engajados em tarefas cognitivas, como a resolução de um problema.
- A memória de trabalho parece ter uma central executiva, um sistema neural responsável por processar a informação, que coordenaria as distintas solicitações vindas de fontes variadas. Essa mesma central estabeleceria as prioridades do sistema, de acordo com a demanda de cada tarefa.
- A memória de trabalho também compreende sistemas modulares responsáveis pela retenção de material verbal visual e/ou auditivo. Os estímulos visuais serão armazenados como um esquema, um esboço mental. Os estímulos auditivos serão mais bem armazenados se tiverem pouca semelhança sonora entre si.
- Por exemplo, o som de *pato* é bastante parecido com os de *gato* e *mato*. Logo, esta seqüência de três palavras será mais difícil de lembrar, coisa que não acontece-

rá com três palavras com sonoridades diferentes, como *mesa*, *lápis* e *jardim* e que podem ser facilmente imaginadas juntas, compondo uma cena.

▸ Como a capacidade da memória de curto prazo tem um limite de tempo, o *procedimento de ensaio* — repetir a mesma coisa várias vezes — renova continuamente a informação verbal, a fim de que permaneça retida.

▸ Há evidências que sugerem que a *articulação* desempenha importante papel no procedimento de ensaio. Mesmo que a repetição não seja feita em voz alta — quando "falamos" mentalmente ou simplesmente movemos os lábios e a língua, de maneira consciente ou inconsciente —, ajuda muito. O "movimentar" facilita a retenção daquilo que se quer guardar.

▸ É por isso que memorizamos um maior número de palavras curtas. Ditas mais rapidamente do que as longas, elas "ocupam" menos tempo. E, quando se trata da memorização, tempo é fundamental, você sabe.

▸ Também é por isso que as palavras compostas por sons diferentes são mais eficientemente resgatadas: têm seqüências de movimentos articulatórios distintos. E, nessa área, tudo o que for diferente será mais bem retido, pois mantém nossa atenção focada.

▸ Imagine que você está dirigindo por uma avenida de trânsito rápido. Você sabe que deve parar em uma churrascaria chamada *Boiadeiro*. Mas, quando vê o painel luminoso à esquerda, você está à direita e por isso perde a possibilidade de mudar de pista. Continua, então, até o primeiro retorno. Nesse exato momento, ao perceber ao que não sabe voltar, pára e, num posto de gasolina e pergunta o caminho. Ouve a explicação: "Continue reto por mais duas quadras até chegar a uma lanchonete e vire à esquerda. Siga por mais duas quadras... Não, são três, porque uma delas é contramão e...".

▸ Se você não for repetindo essa explicação para si, e fazendo um esquema mental organizada e simultaneamente, a única saída será anotar tudo numa folha de papel. Senão, a informação pode se perder.

▸ As pessoas com dificuldades de memória operacional encontram dificuldade para: a) seguir instruções longas; b) manter o foco durante uma conversa; d) resolver desafios que envolvam estratégias seqüenciais; e) compreender textos lidos; f) ignorar estímulos distratores sem que estes interrompam a sua linha de pensamento.

▸ Todos nós, em algum momento, já trabalhamos na eficiência da memória operacional. Ao estudar a tabuada e ao decorar o alfabeto, os dias da semana e os meses do ano, por exemplo. E podemos lembrar que, com treinamento diário, estas listas se tornaram mais e mais automáticas, isto é, mais rápidas.

▸ Quando essas habilidades se tornam automáticas, o cérebro não precisa mais processar uma unidade de cada vez e passa a tratá-las como um bloco.

▸ Podemos melhorar nossa memória operacional fazendo com que tarefas específicas tornem-se cada vez mais automáticas.

▸ Esse tipo de exercício envolve atividades de atenção dividida. Por exemplo: ao falar palavras com diferentes números de sílabas, bater o pé direito no chão diante de palavras com três sílabas. Em todas as outras, bater palmas.

▸ É difícil? Pois basta treinar!

Memória de longo prazo

▸ É nela que as informações permanecem por um longo tempo, como nossos dados pessoais, telefone, RG.

> O importante, para o estudo, é que os dados armazenados na memória de curto prazo passem para a memória de longo prazo. E isso depende do tipo de processo de assimilação dos conteúdos. Há dois deles: o *significativo* e o *mecânico*. No processo significativo, associamos as novas informações a conhecimentos prévios, o que facilita a memorização. Já no processo mecânico não existe relação entre os novos e antigos conhecimentos. Por isso, ele exige muito mais de nós.

2. Fatores que influem na memorização

Subjetivos

- A atenção que colocamos no objeto de estudo.
- A compreensão de uma informação.
- O interesse em reter a informação.
- A atitude diante da informação.
- A intenção de aprender.

Objetivos

- A organização e a clareza da informação.
- O tempo disponível.
- O uso de técnicas de memorização.

Tempo e esquecimento

- Todos sabemos que perdemos a capacidade de reter informações à medida que aumenta o tempo entre o momento de chegada da informação e o seu resgate.
- Para evitar esse tipo de problema, o segredo é programar revisões periódicas dos conteúdos aprendidos.
- Sabemos que a cada revisão aumenta o tempo em que as informações ficam na memória. Por isso, faça revisões quando perceber que está esquecendo metade do conteúdo.
- É mais eficaz fazer o estudo em várias sessões.
- Outra dica: está comprovado que, quando apren-

demos a matéria na primeira sessão, não é eficaz continuar estudando o mesmo assunto.

3. Técnicas básicas de memorização

Repetição

▸ É a técnica mais simples: basta repetir os conteúdos.

▸ Você já a utilizou várias vezes: quando assimilou o caminho para a escola, quando decorou a tabuada, quando aprendeu a amarrar os sapatos.

▸ Lembra? Você repetiu a mesma operação diversas vezes e por isso a memorizou. Ela ficou disponível e pode ser recuperada automaticamente.

Interesse

▸ Memorizamos mais facilmente os assuntos pelos quais nos interessamos. É por isso que na maioria dos cursinhos e colégios os professores costumam utilizar o recurso das paródias: as "musiquinhas" que seu professor de biologia, por exemplo, cantou para ajudar a classe a decorar o processo de divisão celular pode ficar na sua memória para sempre.

▸ Se você gosta de música, pode compor paródias para os assuntos que tem dificuldade de memorizar. Pode gravá-la e ouvi-la repetidamente, até que fique guardada em sua memória.

> Aliás, o "risco" é essa "musiquinha" nunca mais sair da sua cabeça. Embora elas sejam divertidas, existe o perigo de você lembrar só a melodia e o ritmo. Por isso, empenhe-se na memorização da letra, pois esta é a parte que realmente importa.
>
> Use uma estratégia conjunta, visualizando a letra e o conteúdo, "dançando" ao som da canção-tema.

Associação

▸ Aprendemos fazendo *analogias*. Isto é, para aprender qualquer coisa, nosso cérebro faz associações com aquilo que já conhecemos e compara as novas informações com aquelas que já estão guardadas na memória.

▸ Quanto mais associações, melhor! Nossa memória registra com facilidade dados que não estejam isolados.

▸ Quer um exemplo? Para decorar os nomes dos planetas do sistema solar (Mercúrio, Vênus, Terra, Marte, Júpiter, Saturno, Urano, Netuno, Plutão), memorize a frase "Minha Vó Tem Muitas Jóias e Só as Usa No Pescoço".

▸ Quer outro exemplo? Para decorar as fases da mitose (PRófase, MEtáfase, ANÁfase, TElófase), memorize a frase "PRoMEto a ANA TElefonar".

▸ A música, a rima e o ritmo permitem associações fantásticas. Repare como as pessoas têm sérias dificuldades para decorar um texto de apenas três linhas e, no entanto, conseguem memorizar dezenas de músicas, lembrando-se delas, muitas vezes, a partir de apenas uma nota. Você já percebeu isso?

Repetição e acréscimo

▸ Esta é a técnica mais simples e comum. Consiste em repetir, mentalmente ou em voz alta, alguns dados. Depois de memorizá-los, acrescentam-se outros dados à lista e repete-se tudo, desde o início.

▸ Vamos experimentar? Leia as palavras a seguir algumas vezes:

ARQUEIRO
ESMERALDA

▸ Agora escreva-as na ordem em que aparecem.

▸ Acertou? Parabéns. Vamos prosseguir. Leia as palavras a seguir várias vezes:

ARQUEIRO
ESMERALDA
ÍNDICE
TECLADO

▸ Escreva-as na ordem em que aparecem.

- Se estiverem todas corretas, passe ao item seguinte. Do contrário, volte ao item anterior e repita-o até acertar.
- Leia as palavras a seguir várias vezes:

ARQUEIRO
ESMERALDA
ÍNDICE
TECLADO
CAIXA
LOMBADA

- Escreva-as na ordem em que aparecem.
- Se estiverem todas corretas, passe ao item seguinte. Do contrário, volte ao item anterior e repita-o até acertar.
- Leia as palavras a seguir várias vezes:

ARQUEIRO
ESMERALDA
ÍNDICE
TECLADO
CAIXA
LOMBADA
CAPÍTULO
APÊNDICE

- Escreva-as na ordem em que aparecem.
- Se estiverem todas corretas, passe ao item seguinte. Do contrário, volte ao item anterior e repita-o até acertar.

- Leia as palavras a seguir várias vezes:

ARQUEIRO
ESMERALDA
ÍNDICE
TECLADO
CAIXA
LOMBADA
CAPÍTULO
APÊNDICE
IMPRESSORA
PACOTE

- E assim sucessivamente.

Classificação

- Nesta técnica, agrupamos, por semelhança, as palavras que desejamos recordar.
- Vamos a um exemplo:

MELÃO
CATEDRAL
LÁPIS
IGREJA
MELANCIA
CANETA
CAPELA

▸ Classificadas, essas palavras ficariam assim:

FRUTAS	TEMPLOS	MATERIAL
MELÃO MELANCIA	CATEDRAL IGREJA CAPELA	LÁPIS CANETA

▸ Viu como é simples? Agora, façamos um exercício. Memorize a lista a seguir, observando a classificação por 20 segundos.

MÓVEIS	MESA CADEIRA ARMÁRIO
ANIMAIS	CACHORRO GATO CANÁRIO
ÁRVORES	ARAUCÁRIA CHORÃO COQUEIRO AROEIRA

▸ Leia a lista por mais 20 segundos. Relembre as palavras na ordem e escreva-as.

- ▸ Confira o resultado:
- ✦ **menos de 4 palavras:** força e fé! Você vai ter que praticar muito.
- ✦ **entre 4 e 8:** você está dentro da média. Usando as técnicas, vai melhorar bastante.
- ✦ **entre 8 e 10:** você tem uma boa memória. Pratique para obter resultados ainda melhores.

Visualização

- ▸ Esta técnica consiste em imaginar as palavras que queremos memorizar.
- ▸ Podemos usar não apenas imagens visuais, mas também sons, reações táteis, temperatura, odor, sabor.
- ▸ Suponhamos que queiramos memorizar a palavra "misto quente".
- ▸ A visualização funciona melhor quando a imagem é concreta e clara. Po isso, imagine-se comendo o sanduíche na padaria.
- ▸ Se quiser tornar a imagem mais chamativa, melhor. Pense na fome que você tem; imagine o sanduíche sendo entregue no balcão, carregado por quatro pessoas; sinta o aroma; veja as cores; perceba que o calor que sai do pão aquece o ambiente.
- ▸ Crie cenas vivas como esta com aquilo que você quer lembrar e verá como consegue recuperar a informação mais facilmente.

Acrósticos

- Um acróstico é uma palavra ou frase feita com as iniciais de um grupo de palavras. É uma técnica muito útil para memorizar listas de palavras.
- É um recurso muito utilizado para a memorização da tabela periódica dos elementos. Veja:

Metais alcalinos e metais alcalinos terrosos:

Hoje **li** **na** **k**ama **r**obinson **c**rusoé em **fr**ancês.
Bela **m**a**g**rela **ca**sou com o **sr.** **ba**rão **ra**quítico.
(H; Li; K; B; S; Fr; Be; Mg; Ca; Sr; Ba; Ra.)

Capítulo 14

Exercícios para melhorar a memória

Importante!

Muitos leitores me escrevem pedindo a solução dos exercícios. Querem sempre a "resposta certa". Mas isso não é necessário. O que eu proponho aqui são atividades que, ao serem executadas, trabalham sua agilidade mental e deixam seu pensamento mais flexível. Cada um de nós sabe que não há uma única resposta para cada desafio — assim como não há um só caminho para chegar a algum lugar.

A vida não é o caminho da certeza. Vivemos a época do desafio, da diversidade.

Atire-se a ela e desfrute-a!

Antes de começar os exercícios, que tal fazer um teste para avaliar como anda sua memória?

- Você verá, a seguir, uma lista de palavras.
- Memorize-as na seqüência em que aparecem durante 25 segundos.
- Volte a ler por mais 25 segundos.
- Em seguida, escreva-as na ordem em que aparecem.

AMIGO	COMER
SAPATO	JORNAL
ENQUANTO	COMPUTADOR
PATO	CHAPÉU
COLHER	MINUTO
MEDO	BONDADE
LANTERNA	HORAS
BIGODE	MOUSE

- Confira o resultado:

✦ **menos de 4 palavras:** força e fé! Você vai ter que praticar muito.

✦ **entre 4 e 8:** você está dentro da média. Usando as técnicas, vai melhorar bastante.

✦ **entre 8 e 12:** você tem uma boa memória. Pratique para obter resultados ainda melhores.

✦ **entre 12 e 16:** muito bom! Aproveite a memória que tem para se sair bem em seu aprendizado!

1. Atividades para desenvolver a compreensão e a memória auditiva

▸ Peça para alguém ler em voz alta, clara e **PAUSADA** cada um dos seguintes textos.

▸ Permaneça com os olhos fechados e vá criando cenas de acordo com aquilo que ouve. Faça um filme na cabeça.

Texto 1

O BALÃO

Um balão, cheio de ar quente, subiu até quase se perder de vista. Quando não era mais do que um ponto diminuto no céu, explodiu, convertendo-se em uma bola de fogo que se dirigiu ao mar a uma enorme velocidade, deixando cair cinzas parecidas com flocos de neve. As águas começaram então a mudar de cor, passando em segundos do azul ao branco, do branco ao vermelho e do vermelho ao amarelo.

Sob a superfície, os peixes estavam desnorteados, nadando a grande velocidade, chocando-se uns nos outros e contra as rochas e plantas do fundo do mar.

Porém o mais surpreendente foi que o Sol, que se encontrava sobre nossas cabeças, começou a desaparecer quando, do fundo do mar, surgiu um brilho fenomenal que o iluminou todo.

Responda:

a) Por que o balão subia?
b) Em que ele se transformou?
c) O que o fez cair no mar?
d) O que aconteceu com a água?
e) O que aconteceu com os peixes?
f) O que aconteceu com o Sol?

Complete:

a) O balão subia porque ______________________
b) O balão se transformou em ________________
c) Sobre o mar caíam ________________________
d) As águas começaram a ____________________
e) Os peixes _________________________________
f) O Sol começou a __________________________

Texto 2

NAMORAR É PRECISO
(Danuza Leão)

Namorar é preciso — com todo mundo, o tempo todo, sempre. Esse namoro de que estou falando não tem nenhuma conotação sexual; é uma coisa leve, um charme suave, que deveria existir entre todas as pessoas em todos os momentos do dia. Namorai-vos uns aos outros deveria ser um lema de vida, o que não tem nada a ver com o amai-vos, que é muito complicado.

Quando entrar num botequim para comprar cigarros, no lugar de dizer, com a cara amarrada, "um maço de cigarros", pode começar já com um sorriso perguntando "será que eu vou ter a alegria de pagar pelo cigarro o mesmo preço que paguei ontem?". É uma bobagem, mas não tenha dúvidas de que vai receber uma resposta à altura — e também um sorriso; nada mal, hein? Uma amiga me contou que um dia, no aeroporto de Roma, pediu uma água mineral e, quando perguntou quanto era, o garçom respondeu, olhando para ela bem dentro dos olhos: "Para você, 400 liras." Tudo bem, ela tinha marido, filhos, estava embarcando de volta para casa e não tinha a mais leve intenção de jogar tudo para o alto e viver um romance de amor, mas que gostou, ah, isso gostou — e nunca esqueceu.

A feira é um lugar onde esse charme existe naturalmente o tempo todo. "Freguesinha bonita, prove um pedacinho do abacaxi doce como mel, não existe nenhum igual ao meu." Não dá para resistir e você, que mora sozinha, compra logo seis.

Esse namoro, ou charme, ou flerte, não tem nada a ver com beleza, idade, posição social. É o prazer de ter prazer pelo prazer, e os que são imunes a isso não sabem o que perdem.

Namoram-se crianças de berço, gatos, cachorros, o macaco do jardim zoológico, e, quando se começa, sempre há um retorno: faça a experiência e depois me diga.

Quando você diz à sua empregada "Sebastiana, estou com vontade de comer aquele franguinho assado que só você sabe fazer, com a pelinha crocante; e em meia hora, ou eu desmaio", alguma dúvida de que em 25 minutos ele vai estar pronto e acompanhado da pergunta, também entre sorrisos, "será que ficou como a senhora gosta?".

Reservar passagem na véspera de um feriado prolongado é praticamente impossível, mas quando você recebe um não daqueles definitivos, use seu charme; pergunte ao funcionário como ele se chama e diga: "Paulo, você não vai fazer isso comigo; meu namorado está me esperando e você, que deve ter uma namorada, sabe que avião lotado não foi feito para gente apaixonada. Pelo menos me ponha em lista de espera e jure que vai fazer o impossível para me botar no vôo." Falando assim, já conta com 80% de probabilidades de embarcar.

Então vamos começar; hoje você vai namorar todo mundo, começando pelo porteiro e chegando até o flanelinha — é, até ao flanelinha. Se na hora de pegar o carro, cheia de sacolas, você desesperada, não puder nem pensar em procurar a carteira no fundo da bolsa para pegar aquele troco que, no fundo, não tem nenhuma obrigação de dar, abra um sorriso e diga: "Querido, estou sem trocado; não fique zangado, mas vai ficar para a próxima — desculpe, tá?." Garanto que ele vai dizer um "tudo bem, madame" bem legal e até sorrir (pode também te dar um tiro, mas isso faz parte).

É uma maneira de viver que deve ser exercitada e que pode trazer resultados inesperados. Como as pessoas vão gostar mais de você, de repente dá até para reformular o que foi dito lá em cima, com ar de grande verdade: "Namorar, sempre, e sem nenhuma conotação sexual."

Porque, com conotação, fica melhor ainda.

(*Folha de S. Paulo*, 27 de março de 2005.)

Responda:

1. A autora diz que se deve namorar o tempo todo. De qual tipo de namoro ela fala?
2. Você concorda com a afirmação de que o charme corre solto numa feira-livre? Você já percebeu isso? Explique.

3. De acordo com o texto, há maneiras diferentes de comunicação entre as pessoas?

4. O que se pode conseguir com uma maneira diferente de falar?

5. Por que namorar é considerado por Danuza como uma maneira de viver? Você concorda com isso?

6. Qual é a outra conotação explicitada no final? Será mesmo melhor? Por quê?

Texto 3

CRÔNICAS DE MÁRIO PRATA

Você, que me acompanha aqui há tantos anos, sabe que faz tempo que não pinta um branco. São dois os tipos de branco, para quem não sabe. Um no teatro, com o ator. De repente, no meio do espetáculo, dá o chamado branco e ele fica imóvel e calado, apesar de já ter dito a frase seguinte mais de cem vezes, fora os ensaios. Todos grandes atores e atrizes já passaram por um branco. Uns, mais honestos, viram-se para o público e dizem: desculpe, mas deu branco. Normalmente são aplaudidos.

Com o cronista, acontece a mesma coisa. Só que a gente diz para o leitor e ele reclama: de novo! O cara vai enrolar até o final. Mas este meu branco tem sua explicação. Eu já havia esboçado a crônica na sexta, mas abri a revista *Época* ontem e o Xongas escreveu tudo que eu havia programado.

Eu iria falar da Princesa Daiane e aquelas notas compridas que dão para as ginastas. 9,638. Gostaria muito de entender como é que chegam a um número esdrúxulo como este. Eu, por mim, dava logo 10,000, porque quem faz aquilo no ar, ao som do "Brasileirinho", não pode tirar apenas 9,638 ou coisa mais ou menos parecida. O que será que ela terá que fazer para tirar a nota máxima? Jamais saberemos.

Aí o domingo foi de decisão em todos os estados, fora a tentativa brava dos garotos do tênis de ganhar dos paraguaios, em vão. E fora o almoço de Páscoa na casa dos primos. Como pensar em outra crônica com um domingo como este?

Mas, de noite, já com muitos vinhos na cabeça, fiz umas anotações. Mas é sempre assim, no dia seguinte você vai ver a idéia genial e percebe que *in vino non veritas*. As idéias eram péssimas.

Abro o jornal e nenhum assunto. Não agüento mais ler nada sobre o Iraque e o Bush. Mas, se até o Real Madrid perdeu de três a zero, convenhamos: posso ter tido um branco, depois de tantos anos.

Como isto acontece com todos os cronistas, vou até sugerir para a minha editora fazer uma pesquisa e publicar um livro sobre as cem melhores crônicas em branco. Espero ter umas três, em destaque. Contra umas seis do João Ubaldo. E os brancos do Ubaldo são mais graves porque o espaço dele é bem maior que o meu.

Veja isto, que saiu na *Folha*: "Há quase dez anos, em debate sobre o racismo que a *Folha* promovia no auditório, um representante de comunidade negra levantou na platéia e acusou o jornal de, apesar de realizar debates, vetar negros na redação. O então editor de política, João Russo, que mediava o debate, negou:

— Não é verdade. A *Folha* tem um negro na redação.

— Se tem, diga o nome dele.

Russo teve um lapso de memória. Coçou a cabeça e falou:

— Que tem, tem. Não lembro agora porque me deu branco.

A gargalhada foi geral".

Escrevi lá no Google "deu branco" e surgiram, em apenas 0,69 segundos, 1.880 deles. Fiquei mais aliviado. A maioria deles em vestibulares. Descobri até que existem dois livros de auto-ajuda ensinando como conviver com o branco.

Vou comprar e na próxima quarta eu conto.

(*O Estado de S. Paulo*, 14 de abril de 2004.)

Responda:

1. O que é branco? E o que é este branco sobre o qual Mário Prata escreve?
2. Quantos tipos há de branco? Explique.
3. Descreva o tipo de domingo que o autor teve. Você gostaria de ter tido um domingo como aquele? Por quê?
4. Mário Prata usou uma expressão de uso comum

na frase: "já com muitos vinhos na cabeça fiz umas anotações". O que isso quer dizer?

5. Logo depois ele usou uma expressão em latim, *in vino non veritas*. O você pensa que ela significa?

6 O texto explica sobre algo sobre os "brancos", no final, e o autor toma uma decisão. Qual foi ela?

2. Organização de pensamento

Que tal, para finalizar, fazer alguns exercícios para treinar a técnica de organização de pensamento? Memorizar, também, é questão de organização: uma coisa depois da outra, tudo em seus lugares. Como Juca Chaves cantava: "Lé com lé / Cré com cré / um sapato em cada pé..." Alguém se lembra?

Exercício 1

Escreva os números correspondentes a cada letra das palavras a seguir. Depois de treinar um pouco, cronometre o seu tempo, para ver se é possível aumentar a velocidade.

EXEMPLO:

estado

Número	Letra	Número	Letra
____	y	5	d
1	e	____	q
3	t	____	r
2	s	____	k
6	o	4	a

Agora é com você:

1. antes	_____ r _____ t		2. vazio	_____ r _____ z
	_____ b _____ ç			_____ b _____ ç
	_____ n _____ a			_____ v _____ a
	_____ p _____ s			_____ p _____ s
	_____ e _____ q			_____ i _____ o
3. vidro	_____ r _____ t		4. garagem	_____ r _____ a
	_____ b _____ ç			_____ b _____ e
	_____ n _____ v			_____ g _____ m
	_____ i _____ s			_____ a _____ s
	_____ o _____ q			_____ i _____ g
5. quatro	_____ r _____ t		6. cruzeiro	_____ r _____ t
	_____ y _____ d			_____ e _____ r
	_____ u _____ a			_____ u _____ z
	_____ p _____ s			_____ h _____ c
	_____ o _____ q			_____ i _____ o
7. galho	_____ o _____ l		8. rastelo	_____ l _____ s
	_____ g _____ d			_____ h _____ r
	_____ u _____ u			_____ g _____ k
	_____ p _____ s			_____ a _____ o
	_____ a _____ h			_____ t _____ d

9. pintor

____ r	____ t
____ o	____ i
____ u	____ a
____ p	____ s
____ y	____ n

10. bolacha

____ r	____ c
____ o	____ i
____ h	____ b
____ u	____ a
____ l	____ a

11. ganhou

____ n	____ g
____ y	____ d
____ u	____ a
____ h	____ s
____ o	____ q

12. escada

____ s	____ a
____ y	____ d
____ c	____ p
____ q	____ e
____ a	____ f

Exercício 2

Leia a seqüência de letras da esquerda para a direita, de modo que elas formem frases. Depois, se quiser, escreva as frases no espaço indicado.

EXEMPLO:

____ U	____ M	____ N	____ E
____ G	____ Ó	____ C	____ I
____ O	____ D	____ A	____ C
____ H	____ I	____ N	____ A

Frase: UM NEGÓCIO DA CHINA.

Agora é com você:

1.

______ B	______ A	______ T	______ A
______ T	______ A	______ F	______ R
______ I	______ T	______ A	______ E
______ O	______ V	______ O	______ A
______ U	______ E	______ N	______ T
______ E			

Frase: ______________________________

2.

______ E	______ C	______ O	______ N
______ O	______ M	______ I	______ Z
______ E	______ Á	______ G	______ U
______ A			

Frase: ______________________________

3.

______ B	______ R	______ A	______ Ç
______ O	______ Q	______ U	______ E
______ B	______ R	______ A	______ D
______ O	______ I	______ N	______ C
______ O	______ M	______ O	______ D
______ A			

Frase: ______________________________

4.

______ O	______ C	______ O	______ M
______ B	______ I	______ N	______ A
______ D	______ O	______ S	______ A
______ I	______ U	______ E	______ R
______ R	______ A	______ D	______ O

Frase: ______________________________

5.

```
______V  ______Á  ______R  ______I
______O  ______S  ______A  ______T
______O  ______R  ______E  ______S
______E  ______A  ______T  ______R
______I  ______Z  ______E  ______S
______E  ______S  ______T  ______Ã
______O  ______L  ______Á  ______T
______O  ______R  ______A
```

Frase: ____

6.

```
______Q  ______U  ______E  ______M
______É  ______O  ______C  ______A
______P  ______I  ______T  ______Ã
______O  ______D  ______O  ______N
______A  ______V  ______I  ______O
```

Frase: ____

7.

```
______C  ______O  ______N  ______T
______A  ______D  ______E  ______T
______E  ______L  ______E  ______F
______O  ______N  ______É  ______A
______L  ______T  ______A
```

Frase: ____

8.

______ E	______ U	______ V	______ O
______ U	______ C	______ O	______ M
______ P	______ R	______ A	______ R
______ U	______ M	______ A	______ C
______ H	______ U	______ T	______ E
______ I	______ R	______ A	______ N
______ O	______ V	______ A	______ C
______ O	______ M	______ O	______ D
______ I	______ N	______ H	______ E
______ I	______ R	______ O	______ Q
______ U	______ E	______ A	______ C
______ H	______ E	______ I	______ N
______ A	______ R	______ U	______ A

Frase: ______________________________

Exercício 3

Escreva a letra correspondente ao item que completa cada seqüência.

EXEMPLO:

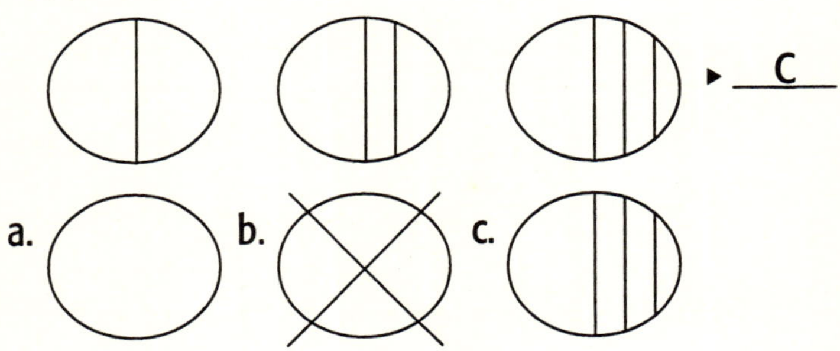

1. 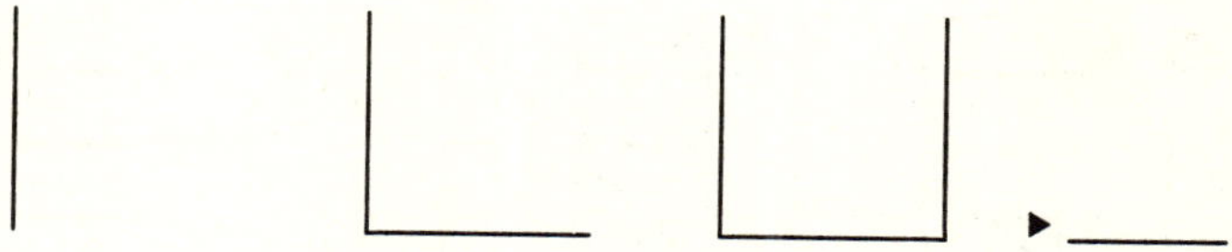

a.  **b.** 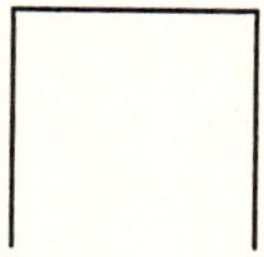 **c.** 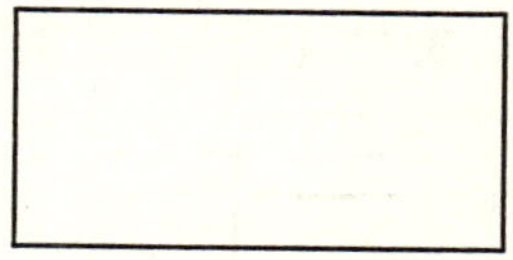

2. je jee jeee ▸ ____

a. jee **b.** jeee **c.** jeeee

3. 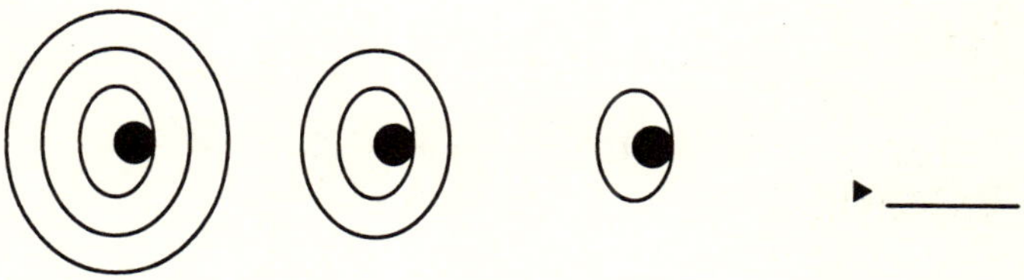

a.  **b.** 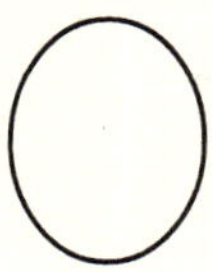 **c.** 

4. 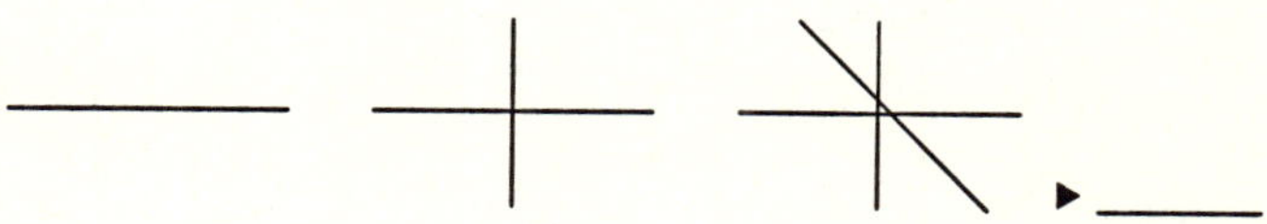

a.  **b.**  **c.** 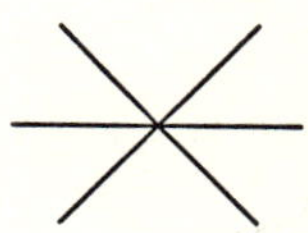

5.

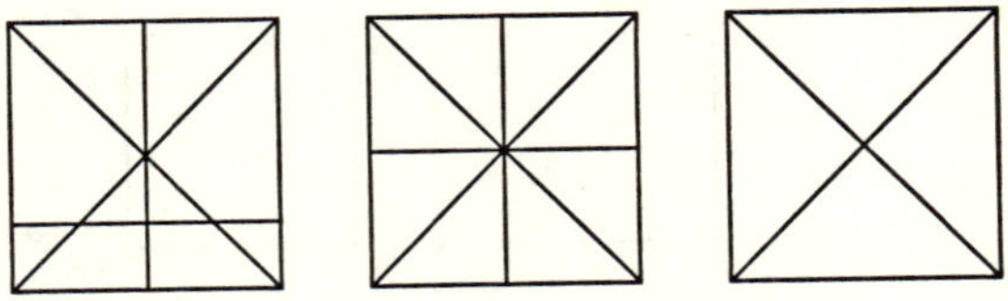

▸ ______

a. 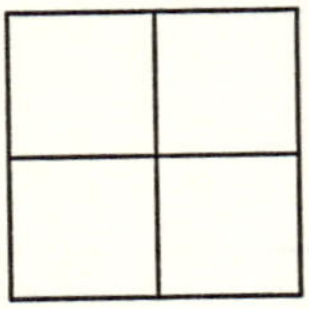 b. 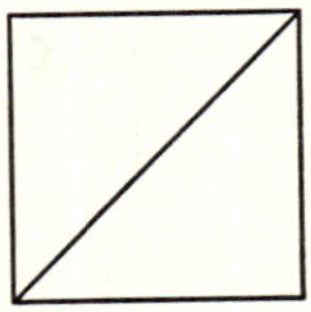 c. 

6.

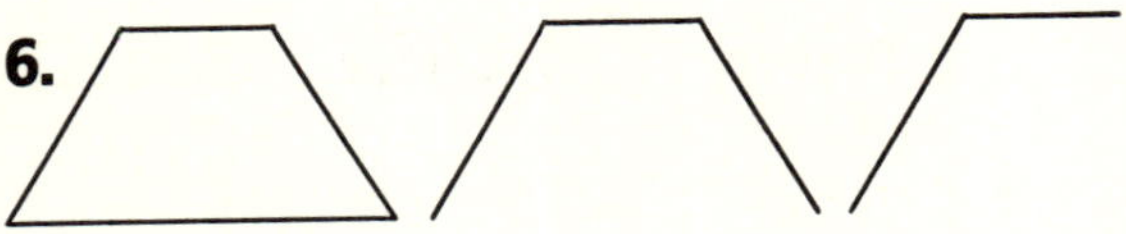

▸ ______

a.  b.  c. 

7.

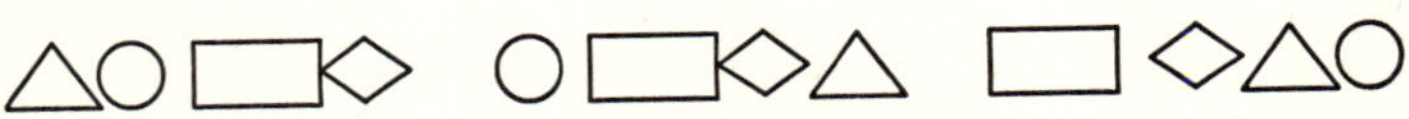

▸ ______

a. 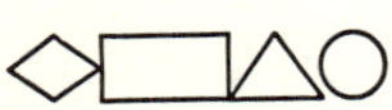

b. 

c. 

Exercício 4

Soletre *mentalmente*, de trás para a frente, as palavras a seguir. Depois, se quiser, escreva as letras depois nos espaços disponíveis.

1. FOGUEIRA: A, R, I, __, __, __, __, __
2. ELEVADOR: R, O, D, __, __, __, __, __
3. PAPAGAIO: O, I, A,__, __, __, __, __
4. ABÓBORA: A, R, __, __, __, __, __
5. ENJOANDO: O, D, __, __, __, __, __, __
6. INTERESSANTE: E, T, __, __, __, __, __, __, __, __, __, __
7. BICICLETA: A, T, __, __, __, __, __, __, __
8. ARTÍSTICO: O, C, __, __, __, __, __, __, __
9. CORAJOSA: A, S, __, __, __, __, __, __
10. SIGILOSO: O, S, __, __, __, __, __, __

Exercício 5

Soletre de trás para a frente e de duas em duas letras.

1. TORTA DE MAÇÃ: ÃÇ, AM, ____________________
2. TELEFONE SEM FIO: ____________________
3. CORRERIA SEM FIM: ____________________
4. 10MILILITROS, 5000ML, 302456ML: ____________________
5. RODAPIÃOBAMBEIAPIÃO: ____________________
6. PIRULITOQUEBATEBATE: ____________________
7. CIRANDACIRANDINHA: ____________________

8. BATATINHAQUANDONASCE: ____________________
9. ATIREIUMPAUNOGATO: ________________________
10. UMDOISFEIJÃOCOMARROZ: ___________________

Exercício 6

Leia o primeiro número da primeira coluna da esquerda e cubra os dois números subseqüentes com o indicador. Mova o dedo para baixo em uma coluna de cada vez, sempre cobrindo dois números. À medida que você baixar o dedo, lembre e diga os números que irão aparecer.

1	7	3
2	8	6
9	4	9
8	2	8
6	0	5
3	5	4
4	2	7
7	1	8
8	4	4
5	2	1
4	5	2
1	9	3
3	8	0
6	7	6
9	5	8

5	7	3
4	5	3
7	2	2
8	1	5
5	4	8
4	7	7
1	8	2
3	9	5
9	6	4

Exercício 7

Da esquerda para a direita, procure em cada fileira as letras solicitadas e circule-as toda vez que aparecerem.

EXEMPLO: Circule o **P**

R T B (P) (P) W

Agora é com você:

1. Circule a letra R

E	L	O	G	D	M	P	R	D	M	P	R
J	D	R	M	Q	A	D	D	Q	D	A	R
D	M	P	R	D	M	P	R	M	P	R	A
H	P	Y	A	R	O	B	F	Q	R	A	B

2. Circule a letra T

Q L T G D J P R R M Q D

J D R M Q A D T Y A Z T

I P Y A Z T B F J P R R

3. Circule a letra U

Ç U T G D J P F J P Y A Z U

J U R M Q F D T U R U T G D

I B Y A Z U B F T G T G K T

M Q F Ç U T G K T U R U T G

4. Circule a letra Q

I Q W G D F P F D F P R U T

J U S M Q F B T S M Q B T S

Q Z Y V Z U Q F Z Y V P F U

P F U S M Q F B Q Z Y Z U Q

5. Circule a letra L

L Q W G D F P F D F P Z A L

J U S L Q F B T Y V Z N U Y

Q Z Y V Z U L F D F P Q Z Y

G D F D F Y P R N C M F B T

6. Circule a letra I

I Q W G D F P F W G D F I T
Ç U S M Q F I T Y I Z Q W G
Q Z Y I Z U Q F M Q F F M Q
F I T F M Q F Q Z Y I F P F
G D F P F A U Q F M A U Q F

Exercício 8

Circule cada letra indicada de acordo com as solicitações:

EXEMPLO: Circule a letra **P** sucedida por **W**

R T B A (P) W

1. Circule a letra T sempre que preceder a letra S

E S T G D M T S R E G J
J T R T Q S T D W T S N
H T S T Z O T F T F H I
T F H I R T Q T Z O T D

2. Circule a letra L antecedida pela letra Z

I S L G D L T A E Z L O
Ç D E Z L S D D S O D J
L Z L A S O L J Z L O G
J Z L O G G D L T A E W

3. Circule a letra F sempre que antecedida pela letra N

N	S	O	G	N	M	T	F	Z	O	N	N	R
J	N	R	N	F	S	N	D	N	F	A	D	R
L	T	N	A	H	O	N	F	D	R	N	T	N
F	S	N	A	I	O	N	F	A	S	Q	E	V
S	N	D	O	N	P	N	O	N	Q	Y	W	M

4. Circule a letra X sempre que preceder a letra K

E	S	O	G	D	X	K	X	M	Q	S	D	D	E
J	X	R	X	Q	S	D	D	E	S	X	G	D	X
H	T	S	X	Z	O	X	F	O	X	D	M	Q	S
X	F	O	X	D	S	X	G	D	X	Q	S	D	P
X	G	D	X	F	D	E	S	Y	S	Z	E	M	T

Exercício 9

Faça um círculo no item diferente:

EXEMPLO: o (p) o o

1.	e	y	y	y	y	y
2.	w	w	q	w	w	w
3.	g	l	g	g	g	g
4.	h	b	h	h	h	h
5.	ç	ç	ç	l	ç	ç
6.	r	r	r	r	r	n

7. j m m m m m
8. m n n n n n
9. m m m m w m
10. l l l t l l
11. d d d b d d
12. w w w w n w
13. u u u u u v
14. f f t f f f
15. E E E F E E

Exercício 10

Trace uma linha de letra em letra até formar uma palavra.

1. J A

C A

2. P

O D E

3. P R

A

4. C A R

O

5. F O

G O

6. C V A R

A

7. O E R

C M

8. C E Q U

H E

Bloco 5 | Indo além

Capítulo 15

Liberando a criatividade

Estamos chegando quase ao final deste nosso livro. Nosso, é claro, porque a esta altura já o estamos compartilhando.

Este momento é dedicado a você, leitor. **É um lembrete** para que você pense e avalie suas atitudes e crenças, suas escolhas e decisões.

É muito comum chegarem pessoas ao consultório dizendo que já compraram muitos livros sobre memória e técnicas de memorização e que, apesar de os terem lido, as estratégias sugeridas eram tão monótonas e ridículas, que não conseguiam colocá-la em uso. Para começar — diziam —, todas as estratégias se baseavam na imaginação e criação de cenas. Oras — completavam —, se eu conseguisse imaginar não estaria aqui agora, mas sim tendo idéias no ócio, com De Masi[1], na Itália!! E realmente devo concordar que há dias em que tudo parece travado. A cabeça não funciona. Os pensamentos parecem lentos e sem sentido. Nesses dias, a gente estuda, estuda e não consegue se lembrar nem mesmo da palavra que inicia o texto. Resolver questões, então, nem pensar! A concentração e a criatividade parecem ter tirado férias. Sem prazo para voltar.

[1]Consulte as "Referências para quem quer crescer", se quiser saber de quem se trata.

Um beco sem saída? Bem... não exatamente. Há saídas, sim. Existem estratégias que ajudam a liberar a criatividade. Em geral, ela desaparece quando estamos exaustos de tanto estudar, trabalhar ou pensar em problemas que aguardam solução. Por isso, além das estratégias, sempre é bom descansar a cabeça. Um passeio (mesmo que curto), algumas horas de sono, uma mudança de ambiente também ajudam. Juntem-se a isso algumas técnicas para estimular a mente e pronto: aos poucos os pensamentos começam a ficar claros outra vez.

Clareando os pensamentos, tudo em cima e... ué, cadê a criatividade que não chega?

O que é criatividade?

Criatividade é a capacidade de gerar uma idéia útil e original para em seguida torná-la realidade, avaliá-la e, se necessário, modificá-la.

É a capacidade de enxergar novas possibilidades e de fazer algo a respeito. Sempre que uma pessoa **vai além** da análise de um problema e procura pôr em prática uma solução, produz-se uma mudança. A isso se chama criatividade: ver um problema, ter uma idéia, fazer algo, ter resultados positivos.

Os processos envolvidos no ato criativo são imaginação, experimentação e ação. Todos queremos ser criativos e temos na cabeça imagens padronizadas de gênios que, como o Professor Pardal, vivem isolados em seu laboratório-escritório com uma lampadinha mágica que brilha toda vez em que aparece uma grande idéia. Esses gênios criativos não têm noção de tempo, espaço ou meio ambiente. São desligados e sempre estão num mundo muito particular, o qual, por ser também criativo (até demais) é bastante diferente do mundo comum. Até porque não são habitados por pessoas e sim por idéias.

Será isso mesmo? Quem é criativo tem que ser assim? Afinal, o que é ser criativo?

O criativo, antes de mais nada, é um curioso. Alguém que se interessa por tudo, desde poesia e arte até culinária, passando por moda oriental, arranjos florais, matemática financeira, filosofia e psicanálise.

E por que o criativo quer saber de tudo? Simplesmente porque ele sabe que, em algum momento, essas informações esparsas, que lhe chegam de todos os lados, juntam-se, fazem uma *síntese combinatória* e... **FORMAM UMA NOVA IDÉIA!**

Embora o conhecimento e a experiência sejam a matéria-prima da criação — como diz Roger Von Oech no livro *Um toc na cuca* —, o que faz a diferença não é uma montanha de conhecimentos, mas a maneira pela qual cada um de nós usa o conhecimento que adquire.

> Em outras palavras, o que realmente importa é a síntese combinatória, isto é, aquilo que cada um de nós faz com o conhecimento que tem.

O pensamento criativo pressupõe movimento, fluidez, transformação. Pressupõe uma atitude, própria do curioso, de busca de idéias, articulando conhecimento e experiência para chegar a uma idéia nova.

O criativo não precisa de um problema concreto para começar a imaginar e encontrar uma solução. **O criativo é um apaixonado pelo pensar.** Combina dados, tem idéias e se diverte com elas. O criativo é uma pessoa aberta a todas as possibilidades e mudanças. A qualquer momento está pronto para agir, sem preguiça, porque sempre quer descobrir mais.

> Descobrir também significa olhar, ouvir e tocar tudo aquilo que todos vêem, escutam e tocam para, em seguida, pensar num jeito diferente de utilizá-los.

Pablo Picasso, por exemplo, tirou o guidão e o selim de uma bicicleta velha, soldou-os e fez uma cabeça de touro. O inventor do primeiro *videogame* queria transformar a televisão em elemento interativo. Queria que respondesse a seus jogos, que brincasse com ele. E assim começaram os jogos interativos.

Tenho visto características que se manifestam nas pessoas criativas e posso resumi-las assim:

Algumas características de pessoas criativas

1. Manifestam grande curiosidade intelectual.
2. Observam e discernem objetos e fatos de maneira diferenciada.

3. Têm em suas mentes várias informações que podem combinar, eleger e extrapolar para resolver problemas.
4. Demonstram empatia por pessoas e idéias divergentes.
5. Podem ser introvertidas.
6. Não se prendem àquilo que os outros pensam sobre eles e, muitas vezes, liberam-se de restrições e inibições convencionais — nem sempre se sujeitam a normas preestabelecidas de conduta.
7. Não são conformistas e sim independentes.
8. Possuem capacidade de análise e síntese.
9. Rearranjam idéias e conceitos para transformar as funções dos objetos e utilizá-los de maneira original.
10. Reagrupam pessoas, apresentando amigos uns aos outros simplesmente porque acham que eles têm interesses e objetivos em comum.
11. Empenham esforços em tudo aquilo que acham diferente, inédito, mesmo que os benefícios não se apliquem diretamente a eles.

Muitas vezes, só descobrimos nosso potencial criativo diante de uma grande dificuldade, de um grande choque, de uma boa surpresa, de um estranho imprevisto. Precisamos de um toque do estranho, do esporádico, do fora da rotina.

Podemos descobrir nossa criatividade:

- ao ser demitidos de um cargo que exercíamos há muitos anos;
- ao receber um buquê de flores brancas acompanhado de um cartão, e sem o nome do remetente;
- ao chegar em casa e encontrar a sala vazia;
- ao procurar um nome para o filho de uma amiga;
- ao viajar para um país do qual não falamos a língua, para vermo-nos obrigados a imaginar o que está escrito nos avisos e uma maneira de comunicarmo-nos com os outros;
- ao ler um texto, como o de Guimarães Rosa, que diz que o homem nunca está "terminado";
- ao ouvir os acordes inesperados de uma melodia desconhecida;
- ao parar para contemplar a lua e as estrelas;
- ao cantar cantigas de roda em ritmo de axé;
- ao nos dar conta de nossa imensa insignificância nesse mundão e tomar posse de nosso enorme potencial de transformação.

Não precisamos ser criativos o tempo todo. Aliás, para falar a verdade, há momentos em que não *podemos* ser nem um pouco criativos. Nas situações sociais, por exemplo, recomenda-se seguir as leis, as normas e a etiqueta. Fora delas, você pode exercitar toda a sua criatividade e gerar novas maneiras de atingir seus objetivos.

É principalmente nessas horas, porém, que tenho

verificado que podem surgir os primeiros obstáculos para que a criatividade aflore: nosso conjunto de crenças.

Pare agora a leitura e pense em você

Quem você é e o que você pensa ser? Do que é capaz? A palavra transformação está só no seu vocabulário passivo, ou você coloca este conceito em ação?

É imprescindível que você pense sobre as suas crenças, porque se não acredita em mudanças e no seu potencial de adaptação a novas situações (plasticidade cerebral, sabe? Lembra-se daquele ligar e religar de neurônios em sinapses?), vai perder tempo. E tempo, você sabe, é artigo de luxo hoje em dia.

Pois bem, analise suas crenças muito bem, pois elas podem funcionar como freios capazes de brecar nossos pensamentos e paralisar nossas ações.

Claro que manter os processos criativos em fluxo constante é quase impossível, em especial para quem não gosta de mudanças, quer ser prático o tempo todo e tem medo de arriscar e de errar. Nesses momentos, uma boa dica é "reverter" o pensamento: pensar exatamente o contrário daquilo que vem à nossa mente. Em outras palavras, trata-se de substituir os breques por aceleradores. E insistir na substituição, sobrescrevendo a nova informação sobre a antiga, "colando um novo discurso sobre aquele seu, já um pouco desgastado. Grave por cima até que o freio saia de cena.

Vamos ver algumas maneiras de fazer isso.

Conto o que já deu certo para muitas pessoas no decorrer dos últimos anos e as reflexões que elas mesmas geraram.

EXAMINE:

Trocando breques por aceleradores

BREQUES	ACELERADORES
Todos os homens são iguais. Por que eu seria diferente? Claro que não sou. Nunca serei criativo.	Você pode pensar assim? Todos nascemos com talentos especiais, que nos diferenciam uns dos outros. Vou analisar os meus e verificar como usá-los a favor da criatividade.
Não posso errar.	Se todos nascem com a capacidade de criar, vou começar a trabalhar meu potencial e ver como posso expressá-lo.
	Sei que vou errar muitas vezes, aprender com os erros e preparar-me para arriscar outra vez, mas de outra maneira.

Isso não tem lógica alguma!	Que relação pode existir entre os dados dessa questão? Vou encontrá-la.
É um problemaço! Um osso duro de roer.	Isso é um desafio. Verei como fazer para ultrapassar essa barreira.
Só há uma maneira de resolver isso!	Vou tratar de achar a melhor maneira de resolver este desafio.
Respeito meus superiores e só penso naquilo que eles me pedem para resolver.	Respeito meus superiores, envolvo-me com as tarefas propostas e lanço idéias novas sempre que tenho oportunidade.
Sou prático – Não perco tempo se não for ganhar dinheiro logo. Paro sempre que me percebo "viajando" em novos sonhos.	Preciso deste salário, mas vou pensar num modo diferente de fazer as coisas. Um modo que me satisfaça interiormente.
Isso não diz respeito à minha área de atuação.	Não sei muito sobre este assunto. Ainda.
Quem é bem humorado e brincalhão não é sério.	É bom trabalhar com pessoas que têm o humor em alta e se comunicam de maneira leve! Aprende-se muito assim.

Farei isso amanhã.	Vou fazer este trabalho agora, enquanto as idéias estão fervilhando.
Não importa o que você me diga, minha opinião não vai mudar.	Quero ouvi-los antes de dar o projeto por encerrado. Idéias novas sempre são bem-vindas.
Tenho medo de não conseguir. É melhor não fazer.	Não sei se consigo, mas farei o máximo para chegar lá. E, se não chegar, ao menos terei idéias para outras coisas.
Gosto de mim do jeito que sou. Sou assim e pronto.	Este é o jeito como sou e ajo **hoje**. Se me acontecerem coisas diferentes, saberei me adaptar a elas, me transformando.

Seria muito bom se bastasse ler e criar uma disposição mental de mudança, mas a verdade é que nenhum seria muito bom se bastasse ler e criar uma disposição mental de mudança, mas a verdade é que nenhum desses novos pensamentos acontece de uma hora para outra, da mesma maneira que não há passe de mágica para que surjam novos padrões de crenças e valores. A transformação só vai acontecer no momento em que você se conscientizar de que ela é necessária e passa a praticá-la no dia-a-dia com coragem e força de vontade.

Toda aprendizagem gera transformação pela própria situação em si. Pense: se você não sabia falar inglês e aprendeu, o que aconteceu a você? Se você estudou à noite e passou no vestibular, a sua vida mudou? Se você conseguiu seguir um novo plano de exercícios físicos, como se sentiu depois? Pois é, aprendemos para viver melhor (quem se lembra da minha dúvida na apresentação?)

Todos podemos ser criativos. Veja os 8 passos que tenho seguido para estimular a criatividade

1. **Preparação** — reflexão prévia sobre o conjunto de crenças e valores de cada um.
2. **Estado de ânimo** — atitude mental compatível com a atividade de descoberta.
3. **Predisposição** — desejar a liberação de preconceitos: "desejo o novo em minha vida, isto é, quero mudar".
4. **Receptividade** — estar atento a tudo o que me rodeia.
5. **Entusiasmo** — ter prazer pela criação.
6. **Estimulação** — ligar o alerta mental e emocional.
7. **Concentração** — praticar sempre, porque criar e aprender são as duas tarefas mais difíceis de nossa existência demandam esforço consciente.
8. **Expressão** — desenvolver a habilidade de expres-

são (e que ela seja sensível e objetiva!) com ensaios solitários, com gravações, movimentos, desenhos, cursos.

Pronto? Agora prepare-se enquanto lê algumas dicas que antecedem as estratégias.

Dicas importantes

- A prática torna mais fáceis a expressão e a criatividade.
- Cada nova invenção ou meta de criação tem origem em alguma outra coisa. A criação consiste geralmente em transportar os atributos de uma coisa a outra. Em outras palavras, damos uma nova característica a algo no qual já trabalhamos.
- Nosso pensamento tem uma estrutura associativa, ou seja, associamos nosso conhecimento e experiência para resolver um problema novo. Por isso, devemos preencher nossa mente com conhecimentos e informações e treiná-la para que seja o mais associativa possível.

Estratégias para desenvolver a criatividade

A criação está sempre relacionada ao novo, a algo que não existe no plano concreto e que está "esperando" para ser captado. A chave para a criatividade é a conexão com esse "lugar e algo" onde está o novo. Todos temos acesso ao novo. Mas muitas vezes, quando o acessamos, nosso intelecto-padrão o transforma em algo conhecido, o que impede que a criatividade se manifeste.

Muitas vezes a incapacidade de aceitar o novo transforma o pensamento criativo em algo preexistente, mais familiar. O ser humano comum necessita do conhecido para sentir-se seguro. Quando lida com o familiar, o rotineiro, não precisa assumir o risco de pensar e fazer coisas novas — que, eventualmente, podem sair erradas.

Para arriscar o novo, nada como *praticar* o novo. As técnicas e os exercícios a seguir ajudarão você a explorar potenciais e a liberar a criatividade.

Imaginação sensorial auditiva

A habilidade auditiva pode ser desenvolvida por meio de exercícios mentais que, associados com a capacidade de concentração e a memória auditiva, permitirão aumentar nossa capacidade de lembrar e criar sons.

ATIVIDADES

1. Repassar mentalmente uma melodia conhecida. Relembrar, por exemplo, a canção "Parabéns a você" ou qualquer outra melodia bem familiar. Juntar a essa melodia o som de palmas.

2. Pensar em uma música do cantor preferido e imaginar esse cantor, com todos os músicos, cantando-a ao

vivo. Colocar na imagem todos os detalhes possíveis, fazendo com que eles sigam o ritmo da música.

3. Lembrar as trilhas sonoras das novelas a que você assiste na televisão e de filmes conhecidos, aos quais gosta de assistir.

4. Relembrar ao menos seis ruídos de cada item:

- da natureza — relembrar, por exemplo, o ruído do trovão, da chuva fraca, da enxurrada, da tempestade, da ventania, do vento passando por portas ou janelas fechadas, das ondas do mar batendo nas rochas...
- do trânsito do final da tarde
- de animais domésticos
- de animais selvagens
- de diferentes instrumentos musicais
- de pássaros
- de diferentes toques do telefone celular
- das vozes das pessoas da família
- das vozes de apresentadores de televisão
- das músicas de propagandas conhecidas

5. Imaginar sons que representem os seguintes conceitos:

- entusiasmo
- saudade
- tristeza
- uma bandeira movendo-se ao vento
- um doce
- o mar
- a areia áspera
- um pirulito vermelho

- um bife acebolado
- um peixe condimentado

Imaginação sensorial cinestésica

Nossos sentidos são a porta de entrada do mundo que nos rodeia. Pessoas com os sentidos desenvolvidos destacam-se por ser mais conscientes de seu entorno, concentrar-se melhor, ter maior capacidade de recepção da informação e, principalmente, sentir-se mais capacitadas para entrar em contato com a realidade, sendo capazes de transformá-la agindo sobre ela.

ATIVIDADES

1. Imagine-se lavando as mãos. Imagine todo o processo de tirar um anel imaginário de seu dedo, colocá-lo ao lado do sabonete verde, deixar a água fria escorrer entre os dedos e enxugá-los numa toalha felpuda, agradável, rosa-choque.
2. Imagine-se enquanto se veste de manhã e coloca a meia cor de areia, a calça cáqui, o cinto marrom, a camisa verde e branca. Ao se olhar no espelho, coloque uma echarpe quadriculada de azul e branco.
3. Imagine-se viajando num avião durante uma turbulência, quando tudo balança. Você está sentado entre um padre e uma loira belíssima e, enquanto o padre começa a rezar um terço, a loira derruba o café quente em sua calça nova.

4. Pense que a chave da porta de sua casa caiu numa caixa escura e profunda, onde você enfia a mão, tentando encontrá-la. Você pega vários objetos e os tira, um a um, e os põe sobre a mesa: uma esponja, um apontador, um aparelho de barbear, um lápis pequeno, restos de uma bolacha recheada, um envelope de papel grosso e uma borracha. Tudo, menos a chave. Onde será que ela foi parar?

5. Num sábado de sol, bem de tardezinha, você vai andando preguiçosamente até a locadora, para procurar filmes de ação. Encontra dois, leva-os para casa, faz um balde de pipoca salgada e começa a ver o filme. Olha a cena — um céu azul e um mar mansinho —, põe o primeiro punhado de pipoca na boca e o sal arde em seus lábios.

6. Você acabou de ler a descrição de cinco cenas familiares. Imagine agora cinco cenas inusitadas e escreva-as aqui.

a) ____

____

b) ____

____

c) ____

____

d) ____

____

e) ____

____

7. Imagine as sensações associadas às seguintes imagens:

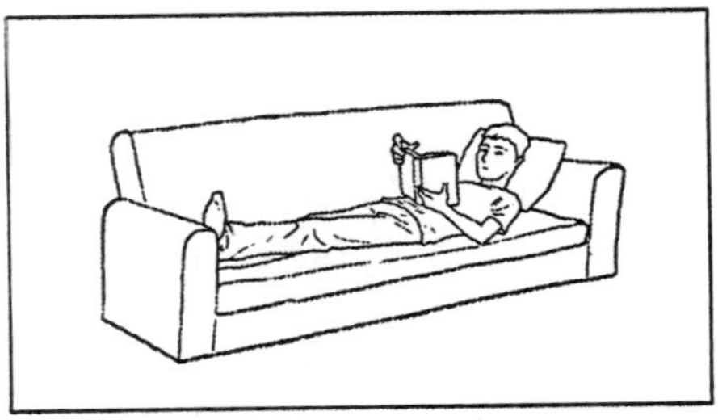

8. Imagine as sensações das texturas dos seguintes objetos:

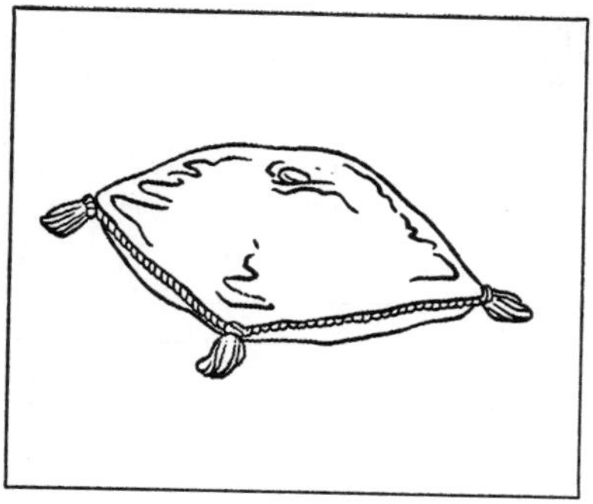

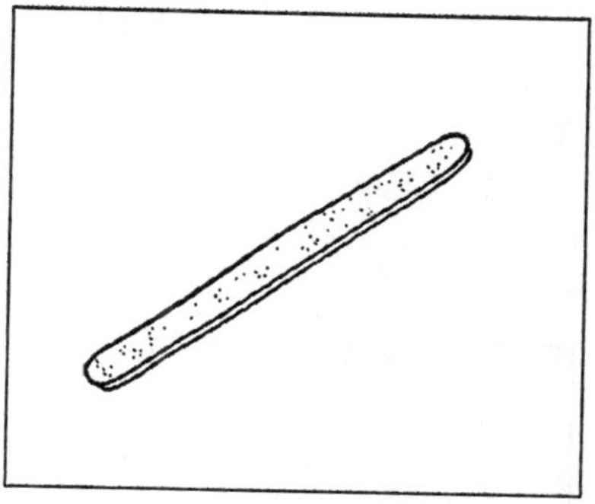

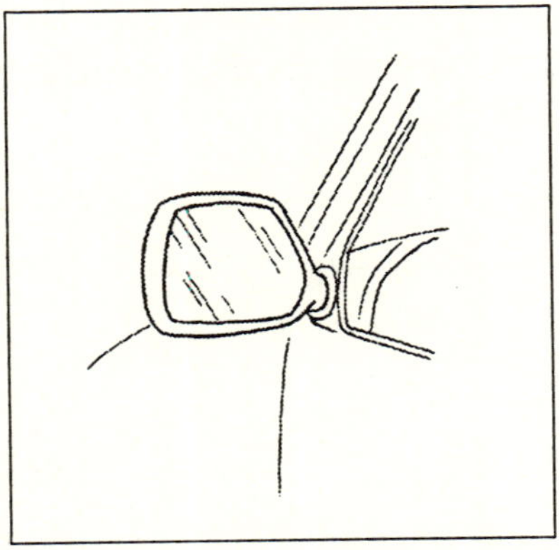

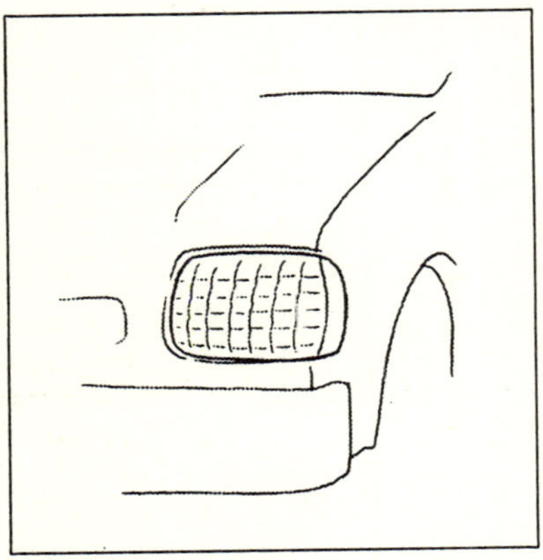

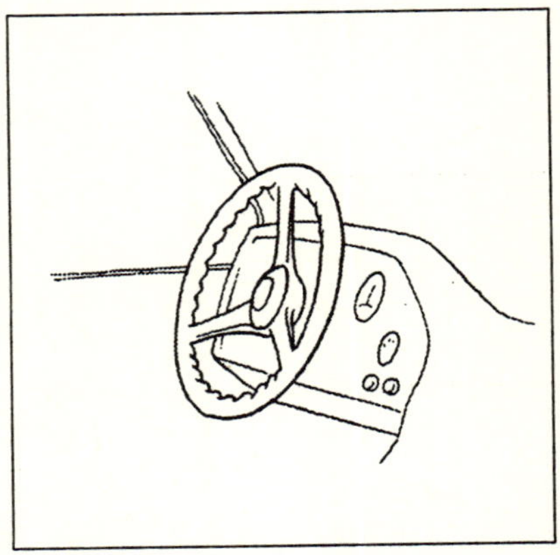

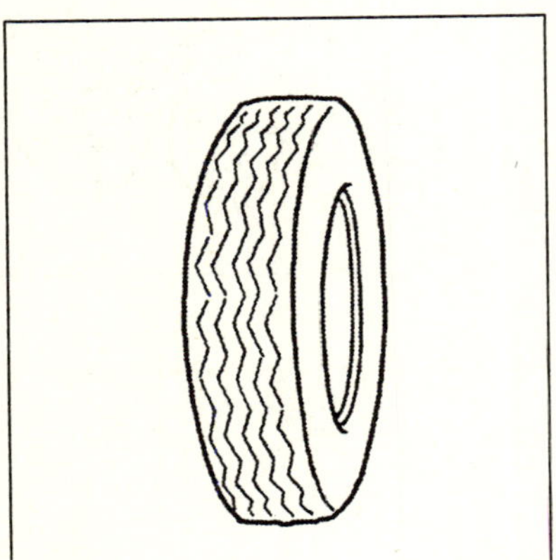

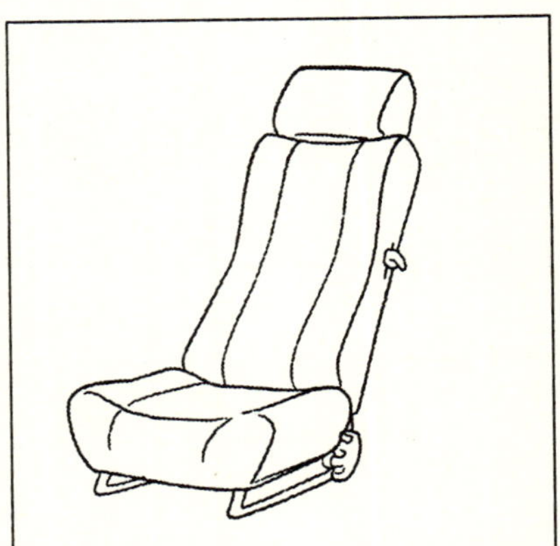

9. Saboreie mentalmente:

peixes

vegetais

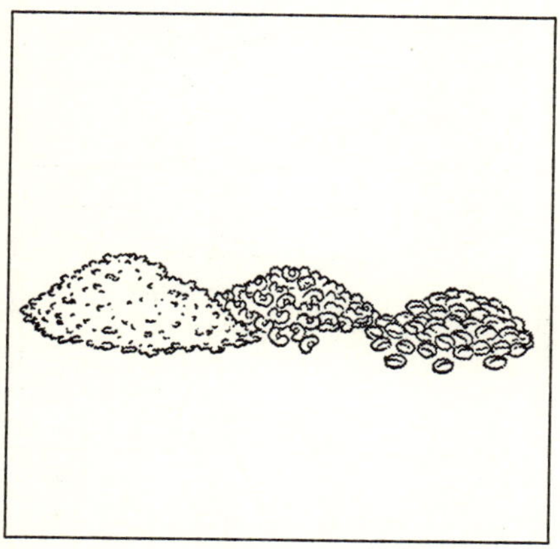

sementes

frutas

picolé de limão

café sem açúcar

espetinho de
queijo grelhado

rocambole
com recheio
de doce de leite

10. Imagine os seguintes odores:

- três flores diferentes

rosa

margarida

orquídea

- três frutas que não vemos sempre

jaca

carambola

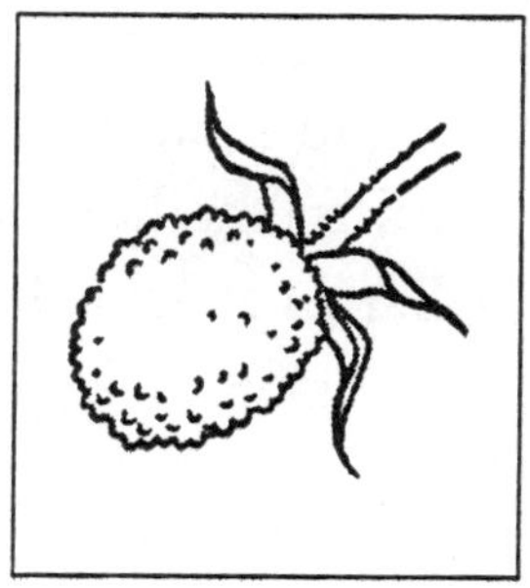

amora

- três condimentos

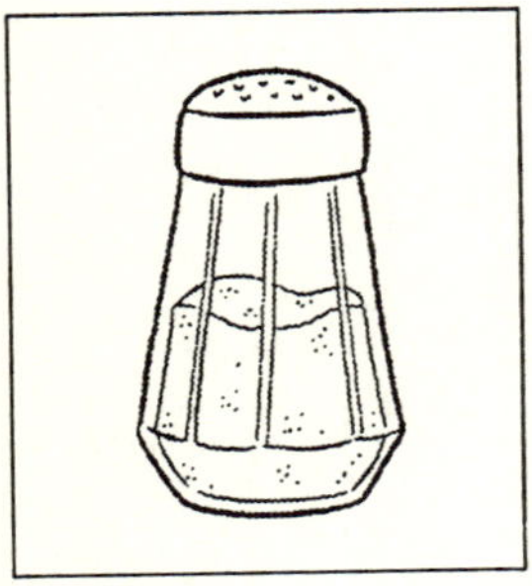
sal

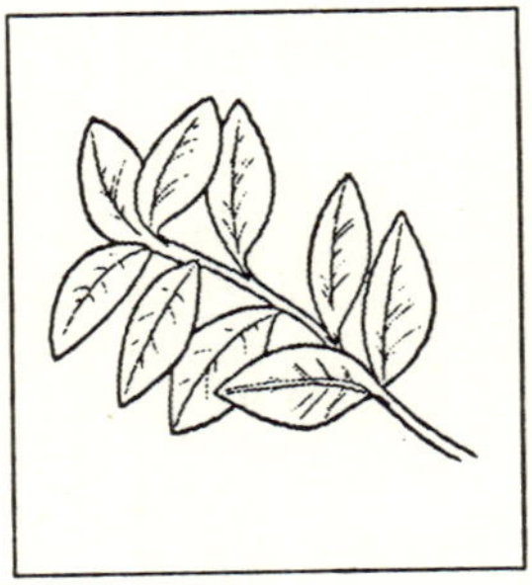
manjericão

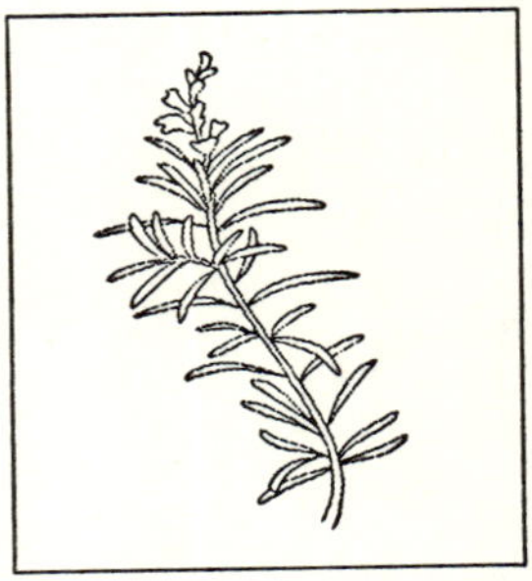
alecrim

Visualização e imaginação

A criação de imagens mentais é uma das habilidades mais importantes do pensamento. A capacidade de visualização é natural em toda pessoa e desenvolvê-la nos permitirá melhorar nossa capacidade criativa, além de auxiliar a capacidade de memória de longo prazo.

ATIVIDADES

1. Imagine como foi seu almoço de ontem. Relembre-o com o maior número de detalhes, desde a cor do prato até a forma do guardanapo.

2. Crie uma imagem mental com as seguintes cenas:
   - o amanhecer numa fazenda
   - muitos cachorros correndo soltos pela rua
   - o seu quarto desarrumado
   - a expressão facial de um parente próximo
   - um gato dormindo aos seus pés

3. Crie uma cena com:
   - anjos voando com sininhos
   - as fadas madrinhas da Bela Adormecida
   - os sete anões amigos da Branca de Neve
   - os sobrinhos do Pato Donald entrando no laboratório do Professor Pardal
   - o Saci Pererê encontrando o Cebolinha e a Mônica

4. Imagine mais algumas cenas e escreva-as aqui:

____

____

____

____

____

____

5. Imagine:
   - três frutas vermelhas e três objetos vermelhos pequenos
   - três coisas que vemos no céu
   - três objetos azuis maiores que um livro

6. Pegue uma caneta e observe-a . Feche os olhos e imagine que você a vê com os olhos da mente. Repita várias vezes. Escolha outros objetos familiares. Tente depois com fotos encontradas nas revistas de decoração.

7. Faça o mesmo exercício com fotos de família em dias festivos.

8. Pegue um mapa, uma tabela ou um diagrama. Observe uma parte da imagem, feche os olhos e reproduza-a mentalmente. Repita o exercício até conseguir lembrar a imagem completa.

9. Observe bem as espirais a seguir. Uma delas foi desenhada com uma única linha e tem as extremidades unidas. A outra tem duas linhas separadas, cada qual com as extremidades unidas. Você consegue identificá-las usando somente os olhos?

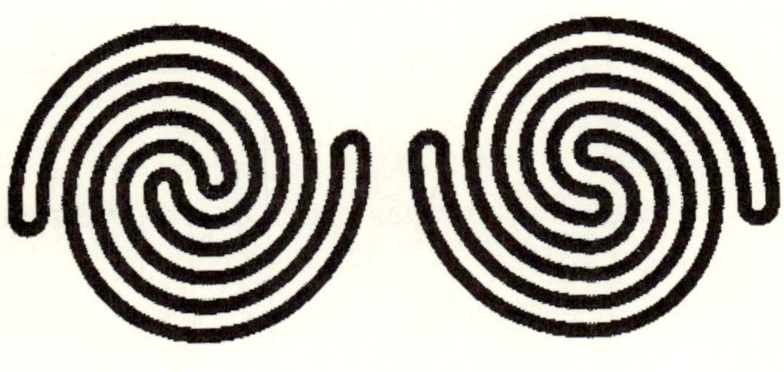

OUTRAS ATIVIDADES

1. Observe o desenho e anote o que você acha que ele sugere.

____

____

____

____

____

____

O que você vê no desenho?

____

____

____

____

____

> O primeiro breque que encontramos para desenvolver a criatividade é a busca de uma única resposta. Algumas pessoas vêem uma senhora idosa, outras uma jovem, e outras, mais criativas, vêem estas coisas e muitas mais.
>
> A *imaginação criativa* permite relacionar coisas e idéias que antes não se relacionavam.

2. Monte quatro triângulos idênticos usando seis fósforos. Eles devem ser completos e as linhas não podem ficar cruzadas. A solução está na página 188, mas procure não vê-la antes de montar os quatro triângulos ou de ter tentado fazer isso algumas vezes.

3. Quantos quadrados você pode ver? Anote o número e depois consulte a solução, à página 188.

D	C	B	A
E	F	G	H
I	J	K	L
M	N	O	P

4. Quantos triângulos você vê?

Veja a solução à página 189.

5. Segure uma faca na mão esquerda. Pense, durante um minuto, o que você pode fazer com ela. Em seguida escreva, por três minutos, tudo o que você pensou fazer com ela. Não faça julgamentos. Pense em quantidade, não em qualidade. Não tenha medo de colocar idéias aparentemente absurdas. O medo de ser ridicularizado é outro breque limitador da criatividade.

____

____

____

____

____

Sempre que puder, faça este exercício com objetos diferentes. Você pode fazê-lo na rua, no trabalho, na escola, no trânsito, com tudo o que aparecer à sua frente.

Descubra as pistas do seu potencial criativo. Acorde-o com uma acelerada ruidosa, com um elogio inesperado: **VOCÊ É O MÁXIMO!**

SOLUÇÕES DAS ATIVIDADES
das páginas 185 a 189

Solução da atividade 2

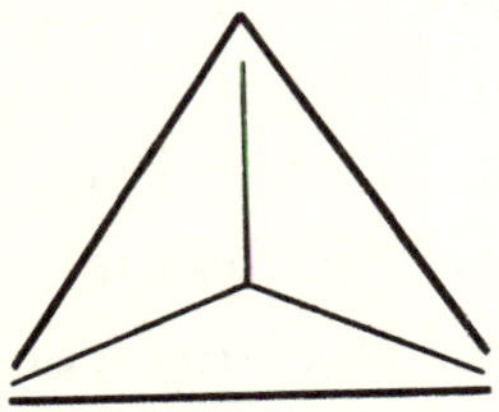

Solução da atividade 3

Os desenhados com linhas mais claras são 16. Os de linha mais escura são 2. Mas podemos unir quatro quadrados para formar um maior, como ABEF, EFIJ, IJMN etc. Também podemos somar nove quadrados pequenos para formar um só, como ABCEFGIJK etc.

O breque representado por este exercício é a impulsividade de dar o número mais óbvio (16 quadrados). Isso mostra que avaliações muito rápidas podem funcionar como barreiras para a criatividade. A chave está em não abandonar nenhuma idéia, por mais irreal que pareça, pois o padrão de pensamento de não deixar nada de lado pode nos conduzir a resultados excelentes.

Solução da atividade 4

x 16

x 8

x 16

x 4

No total, são 44 triângulos.

Bem, chegamos ao final deste *Cresça e apareça!*

- Leia, releia, faça os exercícios sempre que puder.
- Avalie o seu desempenho. Perceba o que pode ser mudado e que outras habilidades podem ser aprimoradas.
- Se você acha que seus resultados ainda são insuficientes para deixá-lo satisfeito, descanse um pouco, respire fundo e trace novas metas.
- Não posso me furtar, neste momento, a lembrar outra coisa que minha mãe dizia: "Coma muito feijão, peixe e verduras; durma cedo; sonhe bons sonhos, mesmo quando acordada; estude muito e se expresse de modo responsável." E não é que ela estava com a razão?

Desejo a você saúde, empenho e sucesso!

Referências para quem quer crescer

ALVAREZ, A. *Deu branco.* Editora Record, Rio de Janeiro, 5 ed., 2005.

__________. *Cuide da sua memória.* Nova Cultural, São Paulo, 2003, 2004.

ALVAREZ, A. *et al.* "Processamento auditivo central: proposta de avaliação e diagnóstico diferencial." In: MUNHOZ, M. S. L.; CAOVILLA, H. H.; SILVA, M. L. G.; GANANÇA, M. M., ed. *Audiologia clínica.* São Paulo, Atheneu, 2000. v.2, p.103-20.

ALVAREZ A. M. A.; ZAIDAN, E. "A habilitação dos transtornos da aprendizagem: uma abordagem neuroaudiológica." In: JUNQUEIRA, P.; DAUDEN, A. T. B. C. P., ed. *Aspectos atuais em terapia fonoaudiológica.* São Paulo, Pancast, 2002. v. 2, p.119-36.

ALVAREZ, A.; CAETANO, A.L. *et al.* "Diagnóstico e reabilitação da dislexia: uma visão neuropsicológica." *Revista Cefac-Atualização Científica em Fonoaudiologia.* São Paulo, 1999, 1(2):96-106.

ALVAREZ, A.; ROMAN, R. *Guia do sucesso* (texto não publicado).

BAKKER, D.J. *Neuropsychological Treatment of Dyslexia.* Oxford Univ. Press Inc., NY 1996.

CALABRESE R. *et al. Essentials of Neural Science and Behavior — study guide and practice problems.* Appleton & Lange Norwalk, Connecticut, 1995.

CORONA J.; QUARESMA F. *Saboreando mudanças.* Editora Senac, Rio de Janeiro, 2004.

DE MASI, D.; FREI BETTO; BOLOGNA, J.E.(comentários). *Diálogos criativos.* DeLeitura, São Paulo, 2002.

KANDEL, E.; SCHWARTZ, J.; JESSEL, T. *Fundamentos da neurociência e do comportamento.* Guanabara Koogan, Rio de Janeiro, 2000.

SHAYWITZ, S. *Overcoming Dyslexia.* Alfred A. Knopf, New York, 2003.

Este livro foi composto na tipologia Acaslon Regular,
em corpo 13/16,5 e impresso em papel
off-white 80g/m², no Sistema Cameron da Divisão
Gráfica da Distribuidora Record.